播音主持学术文丛 第三辑

赵若竹◎著

技术条件下播音主持形态发展研究

中国传媒大学出版社

·北京·

图书在版编目(CIP)数据

技术条件下播音主持形态发展研究 / 赵若竹著. —北京:中国传媒大学出版社,2018.3
(播音主持学术文丛)
ISBN 978-7-5657-1935-6

Ⅰ. ①技…　Ⅱ. ①赵…　Ⅲ. ①播音—语言艺术—研究　②主持人—语言艺术—研究
Ⅳ. ①G222.2

中国版本图书馆 CIP 数据核字（2017）第 036849 号

技术条件下播音主持形态发展研究

JISHU TIAOJIAN XIA BOYIN ZHUCHI XINGTAI FAZHAN YANJIU

作　　者	赵若竹
策划编辑	赵　欣
责任编辑	赵　欣　张　笛
特约编辑	高卓毓
封面设计	郭　琳
责任印制	曹　辉
出版发行	中国传媒大学出版社
社　　址	北京市朝阳区定福庄东街 1 号　邮编:100024
电　　话	86—10—65450528　65450532　传真:65779405
网　　址	http://www.cucp.com.cn
经　　销	全国新华书店
印　　刷	北京玺诚印务有限公司
开　　本	710mm×1000mm　1/16
印　　张	12
字　　数	183 千字
版　　次	2018 年 3 月第 1 版　2018 年 3 月第 1 次印刷
书　　号	ISBN 978-7-5657-1935-6/G·1935　**定　价** 59.00 元

序

赵若竹所著《技术条件下播音主持形态发展研究》,从媒介技术发展的视角梳理、总结了播音主持形态发展的历史,研究了播音主持形态的变化发展规律,与当前媒介环境紧密结合,对我们认识技术对播音主持发展变化的作用,进一步科学把握播音主持创作实践,探索播音主持理论具有重要的现实意义和理论价值,填补了这一研究领域的空白。

首先,该论著从技术视角研究播音主持发展历史,在中国播音学历史研究中尚属首次。技术对当今传播的影响至关重要,而与播音主持相结合的系统性研究并不多见,该论著探索了艺术与技术的交叉领域,不仅阐释了播音主持创作在各个历史时期的样态面貌,还较好地揭示了技术对播音主持发展的推动作用,有一定的开创性。其次,对播音主持形态的研究尚属首次。作者从宏观视角对播音主持形态运动变化的过程进行历时的考察,既有对创作流程和特征的总结,也有对主体结构关系的剖析,比较全面地揭示了播音主持创作活动的内外部属性,丰富了对播音主持的研究方法,具有创新性。最后,作者经过比较研究,在资料分析和调查研究的基础上,总结出播音主持形态在技术条件下发展变化的趋势以及技术与播音主持形态变化之间的关系,具有创新意义。

赵若竹从本科、硕士到博士一直在播音主持与广播电视语言传播专业领域进行学习和研究,成绩优异。她毕业后从事播音主持专业教学十余年，踏实敬业、因材施教，积累了丰富的教学经验。同时，她还具有广播电视一线播音主持的实践经验，对于播音主持领域进行了全面、长期、深入的探索。为完成该论著，她收集、整理了大量资料，对播音主持和广播电视技术两个领域的大量文献资料进行了梳理和对比研究，也对各个时期的播音员、主持人、广播电视技术专家进行了访谈，获得了一手资料，实为可贵。该论著以中国播音学为理论基础，紧密结合广播电视语言传播实践，与广播电视技术、互联网技术等相关学科相结合，对播音主持的教学和实践具有现实意义，对播音主持理论研究具有开创意义。

技术促进了传媒的发展和变革。从 1940 年人民广播的建立到如今网络播音主持的兴起，播音主持经历了广播播音主持、电视播音主持和网络播音主持几个发展阶段。如今，随着科技进步和信息社会的到来，播音主持创作进入了新的历史时期。新技术日益催生和拓展着播音主持的创作条件，同时也使外部环境日趋多样化。作为创作主体的播音员、主持人必须适应技术条件的变化和革新，把握好创作要素，完善自身的能力结构，利用新技术手段更好地为传播内容服务。

“技术条件下的播音主持发展形态”是新时期学界、业界共同面临的重要课题，赵若竹能够在这个问题上有所研究和思考，实属难能可贵且非常有价值。在此，对她论著的出版表示祝贺。希望她以此为起点，不断取得新的、更加丰硕的成果。

姚喜双

2017 年 7 月于北京

目 录
CONTENTS

绪　论

第一节　研究缘起

一、现实意义

技术是广播电视发展的推动力，技术的每一次突破性进展和新的传播媒介的诞生，都会引发传播水平的提升和传播形态的变革。广播电视技术包括广播电台和电视台的播控系统、传送系统、发射系统和接收系统，技术为大众传播服务，同时又是信息传播的物质基础和保证。播音主持随着无线电广播技术的出现而产生，技术是播音主持形态发展的推动力，二者之间存在着密不可分的关系。播音主持创作作为人类的大众传播活动，其传播形态的演变与社会发展、时代变化、受众需求、技术推动、传播者内在追求等诸多因素相关。在播音主持创作活动的系统中，技术影响着传递信息的能力和方式，制约着播音主持传播活动的流程和形态，是不可或缺的因素。现代科技的进步倒逼传播方式的变革，播音主持形态紧随广播技术、电视技术、网络技术、电信技术和空间技术的发展而发展。围绕这个命题，播音员、主持人在媒介中的语言传播发展有两条轨迹：一条是从广播技术诞生到多媒体网络技术的发展轨迹，另一条是从话筒前相对单一的有稿播音到综合运用多媒体演播的主持形态的发展轨迹。二者的关系密不可分，科技发展与人文变革融为一体，物质形态与观念层面相互结合，是传播科技史和传播革命史的有机结合，说明播音主持形态发展与技术变革息息相关。

1940 年，延安无线电技术人员经过艰苦探索和反复试验，建成了广播发射台。在文字播发新闻的基础上开创的口头广播，标志着中国人民广播事业的诞生。广播作为以声音传播信息、以电波传输信号的大众媒介，与传统印刷媒介相比，优化了信息传播的时间性，扩展了信息传播的区域性，以灵活、机动、简单、便捷的优势吸引了广大受众。广播播音主持声情并茂、感染力强的特点，使得传播效果大大增强。

1958 年，北京电视台（中央电视台前身）第一次播出，沈力出现在电视屏幕上，从此电视新闻播音产生，这是中国电视事业的开端。电视传播的信息符号包括静态的文字和活动的图像，同时使用视频技术和音频技术进行的多维传播方式成为人类传播史上的重大变革。电视播音员、主持人需要声形俱佳，以有声语言和体态语传达信息。电视受众相对于广播受众而言，在接受信息时需要同时启用视觉、听觉。电视画面形象、生动，电视声音逼真、多样，增强了受众的直观感和现场感，也增强了电视播音员和主持人的传播效果。

20 世纪 90 年代，网络多媒体开始被应用于广播电视大众传播中，它的出现被认为是媒介进化史上新的里程碑。它以光纤为载体传输数字信息，具有传统媒体不可比拟的信息容量和传输速度。互联网提供的人机交流界面改变传统媒体的单向传播而成为双向互动的传播，传播者与受众的界限变得模糊，人们掌握了接受信息的主动权。自媒体和网络媒体兴起，网络节目主持人产生，广播电视与互联网充分融合，广播电视的播音主持创作方式也在信息化、数字化技术条件下进行着调整。

如今，技术发展进入快速更迭时期，新技术层出不穷，“第四媒体”的概念已经被联合国提出，并为世界各国所公认。在新兴传媒技术与传统技术相融合的过程中，如何应用新技术手段进行播音主持创作，如何在新技术环境中取得适应性发展、调整人才培养方式等，都是中国播音学亟待解决的现实问题。关于技术与播音主持之间互动规律的研究，对于应对上述问题具有重要的现实意义。

二、理论价值

技术条件下中国播音主持形态发展研究从历时的角度以每一次技术变革为切入点对播音主持的形态进行系统化研究，既是对中国播音学理论框架内播音主持史学研究的有益补充，又是对播音主持学科与传播技术学科交叉研究的丰富。同时，本研究在中国播音学基础上，结合新闻学、传播学、广播学、电视学、形态学等多门学科的理论知识与研究方法，从技术变迁的角度对播音主持形态发展予以观照与分析，为学界深化对播音主持形态本质规律的理解、拓展创作主体与技术环境关系的认知提供了一种新的理论视角和研究方法。

播音主持创作活动在技术发展过程中的形态研究需要基于广播电视史学、广播电视科技发展史、播音主持发展史等大量史料研究，已有的一些学科研究将成为重要依据。对 2004 年至 2013 年我国广播电视研究的 94 个关键词进行梳理和分析后可以发现，传播技术的发展，广播电视传播新技术、新媒体的产生是近十年我国广播电视研究的重要关注点。播音主持与技术相结合的研究主要集中于 2000 年以后，网络和新媒体技术的发展给播音主持创作带来变化，如何在新技术背景下调整创作观念、创作方式、人才培养方式等跨学科课题成为近些年的研究热点。

纵观播音主持发展史，从广播电视诞生、网络和新媒体的应用，到如今的全媒体时代，历代播音员、主持人在技术发展变化中调整、完善、丰富、创新着播音主持学科的实践。当下传统媒体与新兴媒体融合互通，媒介立体、交互、全方位地作用于人们的视觉、听觉、触觉等，如何调整传播方式、转变传播语态，如何使播音主持的创作适应新时期的创作要素和创作对象的变化，成为全媒体时代中国播音学学科理论研究和播音主持专业教学中面临的重大挑战和课题。

三、创新性

（一）结合播音主持发展史与技术发展史的创新研究

关于现代传播技术发展史的研究，多与节目形态、传播观念、人文价值相结合，但未见将其与播音主持发展史相结合。在播音主持的跨学科研究领域，对中国播音学与新闻学、传播学、社会学、心理学等相关学科的交叉研究有很多，但未见将播音主持形态与技术发展相结合的历史性研究。播音主持和技术发展作为动态发展的两条理论轨迹，具有密不可分的关联与互动，它们之间的交集也将呈现出一个系统的理论链条，具有较大的研究空间和较高的理论价值。

（二）对播音主持形态发展的首次宏观研究

对播音主持发展史的研究主要集中在发展流变、评价体系、风格变迁等方面，多见于对创作主体（比如创作手段、心理、素质等）的研究、对主体与创作素材（比如稿件、画面、音响等）关系的研究、对主体与受众关系的研究等。对形态学研究方法的使用常见于历史学、人类学、植物学、动物学、医学、语言学等领域的研究中，关于中国播音学的研究并未使用该研究方法。本书将播音主持创作活动置于历史发展轨道上，运用形态学研究方法对其外部样态和内部结构的运动变化进行研究。

（三）提出播音主持形态发展的时空变化趋向

电子传媒技术对远距离快速传播信息有着不懈追求，在发展过程中具有空间上不断延伸的特性。从播音主持形态发展轨迹看，它具有空间上不断扩张、时间上不断压缩的发展趋向。受众日益靠近信息和事件本身，与主持人、新闻事件共处于一个时间维度中；同时，创作的空间逐渐得以拓展，主持人可以调动多个外在空间进入演播空间以传播信息。这与媒介环境学派先驱者加拿大传播学家阿罗德·伊尼斯在1951年出版的《传播的偏向》中建构的“偏向论”有一定联系。此观点在中国播音学领域具有一定的创新意义。

第二节 研究思路和方法

一、研究思路

中国播音学当中的语言传播活动具有新闻性，理论研究工作首先需要以马克思主义新闻观为基本准则，坚持新闻工作党性原则，坚持真实性原则，遵循新闻传播规律，坚持正确的舆论导向，自觉承担媒体社会责任。在研究新闻传播活动和新闻传播事业的过程中坚持实事求是、与时俱进、辩证统一，在马克思主义新闻观正确指导下研究播音主持形态的发展变化。

本书在中国播音学理论框架内从历时的角度出发，就现代技术变革对播音主持形态发展的影响进行研究，内容涉及对播音主持发展史和传播技术发展史两大领域的考察，在相关研究基础上进行分析、比较、梳理，主要从播音主持创作系统中的技术因素对播音主持形态的影响入手，展开纵横两个维度的历时性和共时性研究。本书的目的是探寻技术与播音主持形态发展之间的动态关系与变化规律，使中国播音学进一步适应技术的发展。

本书以新传播媒介的出现为分界点，将播音主持形态的发展划分为广播技术条件下的播音主持形态发展、电视技术条件下的播音主持形态发展和网络技术条件下的播音主持形态发展三个时期。广播和电视技术条件下的播音主持形态，又以录播和直播技术手段的差异划分为不同的二级形态，其中又包含多种播音主持的样态。本书针对每一个时期技术条件下的播音主持形态和样态展开共时性研究，通过历时的比较分析探寻特征，总结规律。

二、研究方法

在研究方法上，采用历时的比较和共时的阐释相结合的方法，对播音主持创作活动在传播技术发展各阶段的形态表现进行研究。具体采取以下方法：

(一)文献研究法

运用文献研究法收集、研读各个时期对于播音主持形态和广播电视技术发展的理论著作和研究资料，对其内容进行系统分析。

(二)比较研究法

将不同时期、不同技术条件下播音主持形态的发展特征进行多方位比较，从外部特征和内部结构上进行分析，探究播音主持形态变化与技术发展之间的关系及规律。

(三)访谈法

邀请方明、卢静、欧阳夏丹、王雪纯等不同时代的广播电视播音员、主持人以及广播电视技术专家李栋教授进行访谈，了解传播技术给播音主持实际工作带来的影响，获得第一手资料，取得有价值的数据，引入宝贵的例证，提炼精辟的理论。

本书既对中国媒介传播技术与播音主持形态发展进行梳理，又针对二者的关系进行分析研究，还对现阶段播音主持创作提出建设性意见。

第三节 播音主持形态的研究范畴

一、范畴的界定

研究播音主持形态的历史发展，首先需要理解“形态”这个关键词的含义，才能明确研究的对象、方式与范畴。“形态”在《辞海》中的注释是：形状神态，形状姿态；指事物在一定条件下的表现形式。形态，由形和态两个字组成。“形”指形象，是空间尺度概念；“态”指发生着什么。事物是运动变化的，那么任何事物都包含时、形、态三种属性。

形态的概念根植于西方古典哲学的研究框架和由其衍生出的经验主义哲学（Empiricism）中，其中包含两条重要的思路：一是从局部到整体的分析过程，复杂的整体被认为由特定的简单元素构成，从局部元素到整体的分析方法是适用的，可以达到最终的客观结论；二是强调客观事物的演变过程，事物的存在有其时间意义上的关系，历史的方法可以帮助理解研究对象在过去、现在和未来的完整序列关系。作为西方社会与自然科学思想的重要组成部分，形态的概念被广泛地应用于传统历史学、人类学和生物学研究中。形态学是一门研究生物形式本质的学科，侧重于将生命形式作为有机的系统来看待。

在广播电视领域的研究中多见“节目形态”概念的提出，比如孙宝国的《中国电视娱乐节目形态学》，邹玉、邹俊巍的《新形态广播》等。节目形态指构成广播电视节目的各个形式要素依照不同的组合方式、不同的功能指向而最终形成的节目的存在形态，具有相对稳定的外部形式和内部构造。

从形态学角度看，播音主持创作活动自产生至今作为一项大众传播活动具有其客观的演变过程，它在每一阶段的存在形式因社会环境的差异具有时间意义上的对应关系，比较和研究播音主持创作活动的过去、现在和未来之间的变化关系就是对播音主持形态发展的研究。播音主持形态指播音主持创作活动中不同创作元素、形式要素依照不同的组合方式、功能指向在一定时空条件下构成的不同形态，在特定时期具有相对稳定的外部样态和内部结构。播音主持活动作为一种结构性形态，对外部环境具有依赖性。本书在现象学原理和构形论基础上研究播音主持的形式和本质，通过对各个技术时期的播音主持形态的外部样态和内部结构进行描述分析来把握其形态发展的总体联系和内在关系，用系统的思维把握播音主持形态的历时性变化。

二、构成要素

播音主持形态由外部样态和内部结构等要素构成。外部样态是指播音主持活动的创作主体在运用有声语言和体态语进行创作的过程中呈现出的表现形式，其中包括创作主体的运动形式、创作活动所处的时空维度等。从广义上来说，时空维度指某一播音主持形态所处历史坐标下的对应时空；从狭义上来看，它是一定的播音主持形态在传播过程中经历的时空变化。内部结构一方面包括播音员、主持人作为创作主体在创作整体中的与其他创作要素之间的关系、地位等；另一方面也包括在一定形态中播音员、主持人的素质结构，这些都是形态的结构性特征。本书涉及的播音主持形态研究以一定时空条件下的播音主持外部样态和内部结构为对象。

创作主体（播音员、主持人）、创作依据（节目、稿件、画面、音乐、音响等）、受众（听众、观众）是构成播音主持创作活动的三个基本要素。[①] 其中任何要素的变化都会影响播音主持创作活动的整体面貌。创作依据既包括稿件、节目、画面、音响等柔性要素，也包括技术这一刚性要素，创作主体根据

① 姚喜双.播音导论教程[M].北京：中国广播电视出版社，2001：36.

技术条件、演播环境、传播内容的不同，运用有声语言、体态语以及时间、空间等诸多要素进行创作，这种差异化运用和组合会呈现出不同的播音主持形态。技术既是播音主持形态构成的一部分，又作为刚性要素对播音主持创作活动形成制约，产生影响。

三、时期划分

从广播电视发展史的角度看，现有文献通常以时代变迁为依据，将广播电视划分为旧中国的广播事业、人民广播事业的诞生、新中国广播电视事业、“文革”时期广播电视事业和改革开放新时期的广播电视事业。赵玉明的《中国广播电视通史》、左漠野主编的《当代中国的广播电视》、郭镇之的《电视传播史》等文献都从中华人民共和国社会政治发展历史的角度记录了广播电视事业的进步，并作出如上划分。

对播音主持发展史的相关研究，通常以播音主持创作的时代背景为依据。《中国播音学》中“播音发展概说”部分将播音创作活动划分为陕北延安时期和新中国成立后两个时期。喻梅的博士论文《新中国播音创作史论》将其划分为 1940 年—1949 年人民广播初创、1949 年—1966 年新中国成立初期、1966 年—1976 年“文革”时期、1978 年—2008 年四个时期。祝捷的博士论文《中国播音主持评价标准体系》将播音主持发展史划分为旧中国播音主持、人民广播播音主持、电视播音主持等阶段。

本书研究技术条件下播音主持形态的发展，以技术的进步为立足点。人类的传播历史在经历了口语传播、文字传播、印刷传播阶段后进入电子传播阶段，每次技术的进步使人类传播突破了信息传播的空间局限，大大提高了传播效率。尤其是无线电广播技术产生之后，人类通过广播播音实现了以体外化的声音信息系统传递信息。电视出现以后，播音员、主持人以声音和形象传播信息，在广播的基础上人类能够使用体外化的影像信息系统传递信息。随着计算机和互联网技术在大众传媒中的应用，人类的大脑这一信息处理中枢也开始了体外化的进程，电子信号的传输实现了由模拟信号向数字信号的转变，电子传播技术的发展使人类进入全新的、前所未有的信息社会。麦克卢汉认为媒介是人的延伸，人类的声音、形象等一步步向媒介延伸，使媒介的信息内容更丰富，感觉更直观，依据更可靠。人类信息传播的效率和质量产生了新的飞跃。这是人类使用传播媒介不断进步的历史，也是社会信息系统日益发达并趋于复杂化的历史。

每一次新传播媒介的产生，都会给播音主持形态带来剧烈变化。本书以新传播媒介的出现为依据，将播音主持形态发展划分为广播技术条件下播音主持形态发展、电视技术条件下播音主持形态发展和网络技术条件下播音主持形态发展三个时期，在不同媒介环境下观照播音主持形态的变化与发展。

第四节　文献综述

本研究从历时的角度以新传播技术出现为依据，将播音主持形态发展分为三个阶段进行文献整理与研究，第一阶段：广播技术条件下播音主持形态发展，第二阶段：电视技术条件下播音主持形态发展，第三阶段：互联网技术条件下播音主持形态发展。以三条脉络为线索（一是对播音主持形态发展的研究，二是对广播电视传播技术发展的研究，三是对播音主持形态与传播技术发展的交叉研究）对上述史料进行梳理：

一、对播音主持形态发展的研究

对早期中国播音的研究随着人民广播事业的创建而开始。自20世纪四五十年代起，温济泽、梅益、钱家楣、孟启予、姚雯等一大批人民广播事业的创建者陆续撰写文章，发表在《新闻业务》《广播业务》《广播爱好者》《星火燎原》等刊物上,记录了当时对于广播和播音工作的实践探索。这些内容基本收录在中国广播电视出版社出版的《中国人民广播回忆录》①中。温济泽载于 1957 年《新闻业务》第九期的《延安新华广播电台》一文从宏观角度对 1940 年至 1949 年新华社创办的口头广播进行了较为全面的概述,对于当时语言广播的任务、编排、内容、节目形式都有所论述。

齐越的《播音员日记——解放战争年代的播音工作》和《播音员日记》②两篇文章,记录了自己在 1947 年走上播音岗位之初的若干具体案例,包括第一次备稿播音,演播《黄河大合唱》,播报毛主席的《目前形势和我们的任务》重要报告,播送号外、捷报等,生动记叙了播音员每一次的创作过程,为广播播音创作形态的研究提供了宝贵的史料。后来,这两篇文章收录在《寄语青年播音员》一书中,由北京广播学院出版社于 1986 年 10 月出版。

傅英豪在《第一座红色广播电台》(载于 1961 年《星火燎原》第六集)一文中也曾提到在试播中不但播送新闻和报纸上的重要文章,而且还播送文艺节目。一开始没有唱机,所谓文艺节目常常就是广播员对着麦克风唱几首革命歌曲。丁戈在《听到我们自己的广播了!——延安新华广播电台创建时期二三事》中记载了延安新华广播电台在 1940 年冬天建台试播的过程,包括播音员麦风、姚雯、肖岩同志轮流值班,播送新闻,记录新闻、党报的社论以及一些重要文章的事例。这些内容记载了早期播音的基本形式和内容,展现了广播初创时期播音工作的流程和样态。后来这些文章基本收录在《中国人民广播回忆录》中。1961 年,广播事业局业务研究室主编、广播事业局出版的《播音工作经验汇辑》③也总结了大量早期广播播音的经验。

1987 年,中国广播电视出版社出版的《梅益谈广播电视》④中收录梅益同

---

① 北京广播学院新闻系. 中国人民广播回忆录[M]. 北京:中国广播电视出版社,1983.

② 齐越. 播音员日记[M]//齐越. 寄语青年播音员. 北京:北京广播学院出版社,1986.

③ 广播事业局业务研究室. 播音工作经验汇辑[M]. 北京:广播事业局,1961.

④ 广播电影电视部政策研究室,《当代中国的广播电视》编辑部. 梅益谈广播电视[M]. 北京:中国广播电视出版社,1987.

志关于广播电视工作包括播音工作的论述、报告、讲话、谈话、书信等若干篇。其中,《播音风格多样化》《研究怎样取得最好的播音效果》《关于文艺广播》《如何播送大文章和文件》都反映了梅益同志曾在1947年延安新华社从事广播工作。新中国成立后,梅益同志主持中央广播事业局工作,是广播事业早期发展的见证者。另外,北京广播学院新闻系编著的《纪念人民广播创建四十周年中国广播史料选集(第三辑)》,中央人民广播电台研究室编写的《北京广播学院新闻系解放区广播历史资料选编(1940—1949)》①,和汪学起、是翰生编著的《第四战线——国民党中央广播电台掇实》②等史料都为追溯播音历史提供了重要参照和依据。早期的播音主持研究的主体多为广播电视工作者或播音员,较为翔实地记录、总结了不同阶段播音工作的经验,为后人的研究提供了宝贵的参考。

20世纪60年代,北京广播学院播音系的成立成为学科性研究的开端。在这期间,齐越的《献给祖国的声音》③和《寄青年播音员》④总结了早期广播工作经验,对播音创作的基本规律、主体与稿件的关系、主体与受众的关系都有所论述。20世纪80年代,由张颂主编的《播音基础》⑤对播音主体在创作过程中的内外部技巧有了规律性总结,毕征主编的《播音文体业务理论》⑥对播音主体在不同题材的文本和素材中的播音创作方法进行了探讨。20世纪90年代,由张颂主编、多位教育工作者和一线工作者共同创作的《中国播音学》⑦,体现了播音学科主体性和独立性特征,系统地对播音主持创作道路、创作规律和创作方法,播音内容与语言的关系,播音主体与客体、传者与受众的关系进行了阐述。至此,对于播音主持创作的规律性研究进入较为

---

① 中央人民广播电台研究室.解放区广播历史资料选编[C].北京:中国广播电视出版社,1985.
② 汪学起,是翰生.第四战线——国民党中央广播电台掇实[M].北京:中央文史出版社,1988.
③ 齐越.献给祖国的声音[M].北京:北京广播学院出版社,1991.
④ 齐越.寄语青年播音员[M].北京:北京广播学院出版社,1986.
⑤ 张颂.播音基础[M].北京:北京广播学院出版社,1985.
⑥ 毕征.播音文体业务理论[M].北京:北京广播学院出版社,1989.
⑦ 张颂.中国播音学[M].北京:北京广播学院出版社,1985.

系统的理论层面。

进入21世纪，中国播音学相关理论研究日益丰富和完善。对播音主持创作活动的本质规律的研究主要有：2001年由中国广播电视出版社出版的姚喜双的《播音导论教程》①研究了人民广播播音发生、发展的一般规律，是对播音创作动态发展的系统研究；2012年姚喜双的《播音主持概论》②又系统阐述了播音主持的发展历程、创作规律、特点、原则等，同时全面论述了在互联网时代播音员、主持人的生存现状及发展。对于继广播之后出现的电视播音主持的研究主要有：1999年吴郁主编的《主持人的语言艺术》③、2000年陈京生的《电视播音与主持》④等，都从电视媒介的角度对播音主持创作特点、对各类电视节目主持的规律进行了论述。对播音主持创作与其他学科的交叉研究主要是：2007年鲁景超的《广播电视有声语言传播受众心理研究》⑤，从广播电视有声语言与受众之间的互动关系切入，对有声语言传播的创作、理论研究方向、教学思路与方法进行了阐述；2009年曾志华的《中国电视节目主持人文化影响力研究》⑥从文化学及传播学角度研究了主持人文化影响力的发生机制、功能与作用，还从主持人自身的文化自觉、电视组织的策划以及受众效果分析等方面提出了相应策略。

在论文方面，喻梅的博士论文《新中国播音主持创作史论》研究了从1949年至2008年不同时期播音创作的观念、方法、作品的演变；李桃的博士论文《网络主持发展研究——以网络视频主持为例》研究了1996年网络主持产生至今的主持特色与规律。在中国知网可检索到播音主持相关论文4,400余篇，据不完全统计，其中关于播音主持发展史的研究论文共32篇。关于新技术对播音主持的影响是近20年来播音主持学科的研究热点，检索

---

① 姚喜双. 播音导论教程[M]. 北京：中国广播电视出版社，2001.

② 姚喜双. 播音主持概论[M]. 北京：高等教育出版社，2012.

③ 吴郁. 主持人的语言艺术[M]. 北京：北京广播学院出版社，1999.

④ 陈京生. 电视播音与主持[M]. 北京：北京广播学院出版社，2000.

⑤ 鲁景超. 广播电视有声语言传播受众心理研究[M]. 北京：中国广播电视出版社，2007.

⑥ 曾志华. 中国电视节目主持人文化影响力研究[M]. 北京：北京大学出版社，2009.

到自20世纪90年代末至今与新媒体相关的论文约91篇，分析发现主要从播音主持语言规范、话语样态、功能拓展、人才培养等方面进行论证。

二、对广播电视传播技术发展的研究

该研究除了需要广播电视史学、播音主持发展史的文献材料外，还需要广播电视传播技术发展史的大量文献作为理论依据。

孟启予在《我在延安新华广播电台播音的时候》(1955年8月发表于《广播爱好者》)一文中记录了特殊条件下播音遇到的特殊问题，由于发电机故障频发，播音员经常一边播音一边道歉，有时道歉比播音的稿件内容还多，甚至偶尔需要中断播音工作。这些都是这一历史时期播音工作的特殊经验。

1956年10月，谢觉哉发表于《广播爱好者》上的《日益发展的广播事业》一文中这样记载解放区的播音：蒋胡飞机在电台上空盘旋，破窑洞里、破庙里电台的工作并不中断。常常在深夜里播完音，两三只毛驴拖着器械转移到另一山沟，几小时后又有播音了。国产的廉价的收音机也生产了不少，广播的内容比在延安的时候不知要丰富了多少倍。

从1990年起，北京广播学院出版社出版的《中国广播电视年鉴》中“大事记”和“新技术开发与应用”版块不仅记载了每一年从中央到地方广播电视的重大传播活动，而且记录了技术的革新以及在实践中的应用。

1993年人民出版社出版了由方庆浩主编的《电视技术论集》①，收录了中央电视台电视技术工作者自1958年建台以来各个历史时期所撰写的有代表性的文章，从侧面反映了电视技术的发展。其中，林景云的《电视广播用磁带录像机概述》一文记载了我国磁带录像机的使用过程和特点；王枫的《1981年北京国际马拉松赛的实况转播和卫星传送》一文详细记述了中央电

① 方庆浩.电视技术论集[M].北京：人民出版社，1993.

视台对北京地区转播比赛实况，以及与日本东京广播公司（TBS）合作，通过卫星传输到日本，由 TBS 向日本播出的技术实施。这些记录真实反映了在特定历史时期中国电视技术的水平及应用。

金文中、李建新的《广播影视科技发展史概略》[①]从科技发展的角度论述了广播电视的诞生以及广播电视的传输设备、制作设备、接收设备等技术发展进程，为技术发展历史研究提供了索引式参考资料，为进一步了解和划分技术发展的历史时期提供了参照；吴廷俊的《科技发展与传播革命》[②]从传播技术的发展入手，论述了每一个技术阶段给传播观念、传播方式带来的革命性变化，强调了技术给文化传播层面带来的影响。2006 年，由中国广播电视出版社出版，徐威、李宏虹主编的《电视演播室》[③]对演播室节目的录制和直播进行了全面阐述，论述了电视演播室系统的基础原理、基本设备和实际运用，且结合演播室技术为新时期直播形态的研究提供了技术理论支持。

另外，一些包括广播史、电视史、视听传播史等在内的史学研究著作也涉及技术发展史。比如从 20 世纪 80 年代开始，赵玉明从广播电视发展史的角度陆续出版的一些著作，对广播电视从诞生到 20 世纪末期的技术发展都有较为详细的论述。1987 年赵玉明出版的《中国现代广播简史》[④]、1992 年出版的《中国解放区广播史》[⑤]、1993 年出版的《中国广播电视史文集》[⑥]、2004 年主编的《中国广播电视通史》[⑦]、2007 年主编的《现代中国广播史料选编》[⑧]，对不同时期中国广播技术和电视技术的发展都有所概述。1987 年由《当代中国》丛书编辑部编辑，中国社会科学出版社出版的《当代中国的广播

① 金文中，李建新. 广播影视科技发展史概略[M]. 北京：中国广播电视出版社，2013.
② 吴廷俊. 科技发展与传播革命[M]. 武汉：华中科技大学出版社，2001.
③ 徐威，李宏虹. 电视演播室[M]. 北京：中国广播电视出版社，2006.
④ 赵玉明. 中国现代广播简史[M]. 北京：中国广播电视出版社，1987.
⑤ 赵玉明. 中国解放区广播史[M]. 北京：中国广播电视出版社，1992.
⑥ 赵玉明. 中国广播电视史文集[M]. 北京：中国广播电视出版社，1993.
⑦ 赵玉明. 中国广播电视通史[M]. 北京：中国传媒大学出版社，2004.
⑧ 赵玉明. 现代中国广播史料选编[M]. 汕头：汕头大学出版社，2007.

电视》(上[①]、下[②]),不仅从历史角度记录了我国人民广播的创建和有线广播的发展历程,也从技术角度专门论述了无线广播、有线广播和广播电视传送系统。另外,刘习良主编的《中国电视史》[③]、郭镇之的《电视传播史》[④]等广播电视史学研究著作从历史的角度记录了广播电视事业的发展,其中都包含技术水平的发展和变迁。刘习良主编的《中国广播电视改革发展十年回眸(2001年—2010年)》[⑤]对于21世纪前十年的技术进步与媒体改革进行了深入分析。

进入20世纪90年代,随着广播电视学科的发展,相关教材的建设也丰富了对广播电视科技发展史的研究。比如,1997年李岩编著的《广播学导论》[⑥],结合广播史对于广播概况、广播节目、广播传播的符号系统进行了论述;2010年由李兴、欧慧玲编著,中国社会科学出版社出版的《视听传播史论》[⑦],从传播学角度对广播、电视、视听新媒体的发展与传播方式的变迁进行了梳理;1997年由刘爱清、王锋主编,中国广播电视出版社出版的《广播电视概论》[⑧]和2002年由秦瑜明编著、北京广播学院出版社出版的《电视传播概论》[⑨]分别从事业发展的角度论述了中国广播和电视技术的进步。

对2004年至2013年我国广播电视研究的94个关键词进行纵向梳理和分析后发现,传播技术的发展,广播电视传播新技术、新媒体的产生是近十年我国广播电视研究的主要关注点。邱宏的《我国广播电视传播技术的发展》论述了我国广播电视的发展和传播技术的演变,所提出的无线电波、有线传播、卫星传播和数字传播几个传播阶段,为传播技术的时代划分提供了参考。

---

① 《当代中国》丛书编辑部. 当代中国的广播电视(上)[M]. 北京:中国社会科学出版社,1987.

② 《当代中国》丛书编辑部. 当代中国的广播电视(下)[M]. 北京:中国社会科学出版社,1987.

③ 刘习良. 中国电视史[M]. 北京:中国广播影视出版社,2007.

④ 郭镇之. 电视传播史[M]. 北京:北京师范大学出版社,2000.

⑤ 刘习良. 中国广播电视改革发展十年回眸(2001年—2010年)[M]. 北京:中国国际广播出版社,2012.

⑥ 李岩. 广播学导论[M]. 杭州:杭州大学出版社,1997.

⑦ 李兴,欧慧玲. 视听传播史论[M]. 北京:中国社会科学出版社,2010.

⑧ 刘爱清,王锋. 广播电视概论[M]. 北京:中国广播电视出版社,1997.

⑨ 秦瑜明. 电视传播概论[M]. 北京:北京广播学院出版社,2002.

三、对播音主持形态与传播技术发展的交叉研究

学界对于广播电视与技术发展的密切关系一直都有所关注。《当代中国的广播电视(上)》一书的第一章曾经论述:“技术是为宣传服务的,同时,宣传的需要、听众和观众的需要也促进技术不断发展。录音机、录像机的出现,立体声广播和彩色电视技术的发展,微波技术和卫星技术以及各种节目制作技术的发展,都说明这一点。随着电子计算机技术、空间技术、光缆技术、激光技术的应用,将使广播电视宣传更加现代化。”①

科技发展与传播变革有机结合也是科技发展史学的重要研究角度。在中国知网检索后发现,近年来,与“广播电视传播技术”相关的论文有 292 篇,经分析,从历史发展角度进行研究的有 36 篇,其余或从技术给媒介融合、媒介生态、人才培养等方面带来的变化进行研究,或就具体技术问题进行探讨。

在现代科技与新闻传播的交叉领域中,2000 年苏志武主编了论文集《科技与传播》②,由北京广播学院出版社出版,其中收录了科技发展与传媒变革的论文近百篇。2003 年由潘力、王本锡、李建刚编著、北京广播学院出版社出版的《高新技术与广播传播方式变革》③,2007 年由金震茅编著、苏州大学出版社出版的《网络广播传播形态研究》④等著作都从高新技术、网络技术引发的广播传播形态和传播方式变革的视角出发,深刻探讨传播的内在变革和形态变化。

在传播技术与艺术生产领域,2013 年王汶成编著的《传播技术的进步与艺术生产的变迁》阐释了传播技术对艺术生产的内在结构和总体方式的

---

① 《当代中国》丛书编辑部. 当代中国的广播电视[M]. 北京:中国社会科学出版社,1987.

② 苏志武. 科技与传播[M]. 北京:北京广播学院出版社,2000.

③ 潘力,王本锡,李建刚. 高新技术与广播传播方式变革[M]. 北京:北京广播学院出版社,2003.

④ 金震茅. 网络广播传播形态研究[M]. 苏州:苏州大学出版社,2007.

影响。

研究新媒体技术对播音主持学科影响的相关论文约有 91 篇，其中姚喜双的《新媒体背景下的广播电视语言研究》、李洪岩的《多维传播语境中播音主持的功能与拓展》、毕一鸣的《新媒体语境下主持人的话语方式》等，从播音主持语言规范、话语样态、功能拓展、人才培养等方面进行了论证，这些都将成为研究播音主持与传播技术之间关系的重要理论依据。

四、国外研究

目前可见的国外对于传播技术的研究起源于 20 世纪 50 年代，能够检索到相关文献 250 条。以色列国家电视台的技术主任 Moshe Moshkovitz 对虚拟演播室技术和国外市场上的主流产品及其应用进行了介绍，涉及三维场景的设计制作，演播室灯光、视频，现场导演、摄像，服装、道具多工种配合等，这些难得的经验总结不仅能够启发我们研究播音主持与当下虚拟演播室的配合，同时具有较强的实践性和借鉴价值。唐世鼎、黎斌主编的《世界电视台与传媒机构》①对于美洲电视发展的全球化、数字化和商业化，对于欧洲电视网的发展，对于亚太尤其是日本、韩国数字电视的发展都有所论述。马庆平的《外国广播电视史》②介绍了世界各国广播电视发展状况，尤其是日本优先发展的卫星直播电视。中国国际广播电台研究室编写的《世界广播电视：变革和发展》③对于卫星电视、电缆电视与高清晰电视在各国的发展进行梳理，也对高清晰电视的前景进行展望。

关于传播技术与文明之间关系的论述，1950 年至 1953 年，加拿大传播学者哈罗德·伊尼斯在人生最后三年连续推出三本传播学经典巨著《帝国

---

① 唐世鼎，黎斌. 世界电视台与传媒机构[M]. 北京：中国传媒大学出版社，2005.

② 马庆平. 外国广播电视史[M]. 北京：北京广播学院出版社，1997.

③ 中国国际广播电台研究室. 世界广播电视：变革和发展[M]. 北京：中国国际广播出版社，1992.

与传播》《传播的偏向》[①]和《变化中的时间观念》，提出、建构并深化了“帝国论”和“偏向论”，认为主导媒介决定文明的时间偏向或空间偏向。所谓时间偏向就是保存和延续传统的伦理和价值，空间偏向是追求地域、制度和权力结构的扩张。进而提出了电子媒体的空间扩张性，批判美国的帝国主义倾向，给西方文明敲响警钟。伊尼斯是媒介环境学派的奠基人，麦克卢汉的学术思想受其影响较大，二者共同被称为“多伦多的双星”。以上国外文献以广播电视技术、传播学、新闻学角度为主，却未见与播音主持形态相结合的研究。

五、小结

(一)播音主持形态的相关研究在传播技术推动下产生和发展

对播音主持形态的相关研究始于广播技术的诞生，在媒介技术发展的过程中，每一次新技术的变革会带来播音主持研究的一次拓展。比如 20 世纪 80 年代，随着电视技术的不断发展，电视播音主持领域的理论问题开始受到关注；20 世纪 90 年代末期，网络和新媒体兴起，又产生了大量的新媒体融合、运用方面的研究成果。因而，播音主持形态的理论研究是在传播技术条件下产生，同时在技术变革的推动下得以深化和拓宽。

(二)播音主持形态的相关研究在各个传播技术时期呈现出不同特点

1.早期广播播音以主体研究为主，具有经验性特征

20 世纪 40 年代至 60 年代是广播技术起步发展阶段，播音研究的参与者多为播音员和早期广播工作者，他们所撰写的记录性史料生动还原了广播工作的具体实践，再现了广播创作活动的初期面貌，对于播音工作的性

① 伊尼斯.传播的偏向[M].北京：中国传媒大学出版社，2013.

质、任务、方式、方法进行了探讨。同时，相关研究资料总结了早期广播播音工作中备稿、直播、新闻口播、文艺节目演播等创作实践的经验教训，为后期研究奠定了基础。

2. 电视播音主持时期学理性研究加强，具有独立性特征

20 世纪 60 年代至 90 年代末，随着电视媒体的兴起以及高等院校播音与主持艺术专业的开办，中国播音学得以建立。这一阶段，有广播电视年鉴和地方志对大量史实的记载，有业界专家和从业者对于工作经验的总结，还有高校播音主持专业教育及科研工作者进行的学术性研究。中国播音学理论研究进入一个繁荣时期，不仅在理论体系的建构上日益完善，而且对于不同节目中的播音主持表达特性以及创作主体在媒介系统中与其他要素之间的关系等问题的研究都有所突破。

3. 互联网时代多学科交叉研究，具有融合性特征

20 世纪 90 年代末，互联网和新媒体技术的发展给广播电视媒体带来冲击，研究者的视线越来越多地投向网络和新媒体技术与传统媒介的融合，以及传统媒体表达方式、思维观念的改变。因而在这一阶段，对播音主持的研究一方面体现出多学科的参与，研究者已经不局限于本专业科研人员，很多相关学科的学者们开始关注播音主持学科领域并进行交叉研究；另一方面，播音主持的研究也从本位研究为主向多学科融合过渡，与新闻学、美学、艺术学、传播学、心理学等相关学科的交叉融合日益增多。十几年来，与新媒体技术相结合的研究呈现激增态势。

（三）对于播音主持的微观研究多于宏观研究

自播音主持创作活动产生以来，业界的研究重点是某工作经验的总结归纳，包括对典型传播事件的记录与分析。学界一方面侧重对特定时期、特定语境下播音主持创作的研究，另一方面侧重对广播电视历史发展过程中播音主持创作观念、创作方式、评价标准等的梳理。总体来说，对于特定历

史时期和特定历史事件中的播音主持的研究比较多，但对于播音主持发展历史的宏观的研究还显不足。

(四)新媒体技术与播音主持的交叉研究成为热点

随着网络媒体的兴起和新媒体技术时代的到来，对于科技与传播，新媒体与广播电视等的探讨成为十几年来的研究重点。播音主持的理论研究对于新媒体、新技术与本学科的关系给予了极大的关注。广播电视媒体面临全方位转型，播音主持工作和播音主持专业教育也面临机遇和挑战。传统媒体进入“互联网＋”时代，广播电视和网络媒体中的播音主持创作如何与新技术紧密结合，播音员、主持人如何发挥核心优势、抓住发展机遇，学校如何不断创新播音主持教学与新时期复合型人才培养都成为亟待解决的现实问题和理论研究的热点。

总之，学界对于播音主持形态发展的宏观研究相对较少，对于播音主持学科与其他学科相结合的研究仍具有较大局限性，因而本研究具有一定的理论价值。

第一章　广播技术条件下播音主持形态发展

第一节　无线电广播出现与播音形态萌芽

广播的诞生使人类传播真正从文字时代过渡到了电子时代。电波承载着人的声音实现了远距离信息传递，生动、鲜活的声音符号使大众传播达到前所未有的效果。一战之后的美国、英国和十月革命后的俄国等先后创办无线广播。据现有资料记载，20 世纪 30 年代，虽然中国一些中小城市出现过有线广播，但没有形成全国性的规模。但在 20 世纪 20 年代初，中国却已有了外国人建立的无线广播电台。所以，中国的广播事业历史是从无线广播开始的。①

一、中国无线电技术的传入和广播的诞生

无线电技术的发展是无线广播产生的物质基础。1862 年，英国物理学家麦克斯韦提出电磁理论；1888 年，德国物理学家赫兹通过试验证实了电磁波的存在，这为无线电通信技术的发明奠定了理论基础。1895 年，俄国科学

① 赵玉明. 中国广播电视通史[M]. 北京：中国传媒大学出版社，2004：3.

家波波夫和意大利科学家马可尼经过研究，分别初步制成了无线电接收机。1899年，自欧洲大陆穿跃英吉利海峡的无线电报试验成功。1901年，无线电报横跨大西洋从欧洲传到了美洲。无线电通信技术被迅速广泛地应用在军事联络、商业信息的传递和新闻发布等方面，展现出很大的优越性。当时正处于帝国主义对外扩张的阶段，无线电是重要的通信联络工具，无线电通信技术就是在这样的背景下传入中国的。

据有关资料记载，我国使用无线电报始于清朝末年。① 吕文据北京中国第一历史档案馆馆藏直隶总督（北洋大臣）袁世凯于1906年就“北洋创设无线电报”的“筹备情形”向慈禧和光绪上呈的奏折所述，认为我国无线电技术之引进，始自北洋而非南洋或其他，时间为1905年，即光绪三十一年秋。当时购置无线电收发报机，分别安装在北京、天津、保定和北洋海军的舰艇上，用于沟通军事情报。

在无线电技术广泛用于通信联络的同时，欧美科学家又开始了利用无线电传送语言和音乐的试验。当美国的无线广播还在试验阶段的时候，1920年8月在上海出版的《东方杂志》便以《无线电传送音乐及新闻》为题，首次把正在孕育中的现代化宣传工具介绍给中国读者。报道预言了无线广播在传播新闻和音乐方面的优点：“晨间由中央无线电局（广播电台）将是日所得新闻，发出报告。则家家仅须开动受音机（收音机）即可亲聆新闻，且可于早餐时且食且听之。较诸披阅报章，便利多矣。”“晚间八时半，为人民音乐跳舞之时间。可由中央无线电局于此时自无线电传出音乐。则跳舞之家，但将收音机开动，音乐立时大作。跳舞者可以应声而舞，不必更雇音乐班矣。”1920年11月2日，美国匹兹堡的KDKA广播电台开始播音。这座第一个向美国政府登记而开办的广播电台通常被认为是世界上最早的广播电台。不久，美国人便把无线电广播技术输入中国。

在中国共产党成立人民广播电台之前，中国的广播电台有外商办台、北

---

① 吕世勤．无线电何时引进中国[J]．中国科技史杂志，1983(1)：78-79.

洋政府办台、民办电台、国民党办台等不同形式。1923年1月，中国第一座无线广播电台由美国人奥斯邦在上海创办。1926年10月，刘瀚创办了中国人自己经营的广播电台——哈尔滨无线广播电台，呼号XOH，“每天广播两小时，节目为钱粮行市以及新闻、音乐、演艺等”①。1927年3月18日，第一座由国人自办的私营性质的商业广播电台——上海“新新公司广播电台”开始播音，功率50W，广播主要内容是商业行情、时事新闻及中国音乐。该台完全由中国人自己设计、装配、安装及施工，并由国人自己独立经营，每天播音6小时，直到1941年11月因失火被焚而停办。在抗日战争爆发之前，民办电台一度繁荣发展，大约有70多座，其中半数以上集中在经济发达的上海。北洋政府时期，在北京、天津等地试验广播收音，在奉系当局支持下，中国早期的地方广播管理机构——东北无线电长途电话监督处积极筹备，开始推进建台事宜。1927年5月1日，由北洋政府办的我国第一座官办电台——交通部天津广播无线电台开播，呼号COTN，每天下午3:00到晚10:00播出7小时，主要内容为娱乐节目。到南京政府成立前，中国先后有外商、官办、民办各类广播电台十几座，发射范围和收听范围有限，没有全国性的中央台。国民党政权建立后，从1927年起大力建设广播电台。1928年8月1日，国民党在南京创办了“中国国民党中央执行委员会广播无线电台”，呼号XKM，简称中央广播电台。最初每天播音2小时，上午1小时是演讲节目，下午1小时是新闻节目。所有新闻稿都由中央通讯社提供，节目形式有新闻报道、广播演讲、文艺节目等。1932年，新广播大楼落成，中央广播电台发射电力从500W扩大到75kW，呼号改为XGOA，选择在孙中山的诞辰日11月12日正式开播，是当时亚洲地区发射功率最大的一座广播电台。之后，国民党陆续在杭州、北平、广州、上海等地办起20多座电台，并规定全国各地广播电台都必须抄收转播国民党中央广播电台晚间的新闻节目，扩大

① 陈尔泰.中国第一座广播电台[J].新闻研究资料，1985(30):171.

其政治影响。“这也许就是我国新闻联播这种节目形式的滥觞。”[①]1938 年，随着日本入侵，中国广播事业受到严重摧残。1940 年，中国共产党领导的人民广播事业开始创建，具有中国特色的播音主持创作活动的形态也从此萌生。

二、无线广播初创时期播音形态的萌芽

20 世纪 40 年代，中国处于抗日战争时期，在艰苦的战争环境中，传播技术条件相对落后。此前，中国共产党已有用无线电报发出的文字广播，但不曾有过语言广播。1940 年，周恩来同志从苏联带回一部无线电广播机，延安无线电技术人员经过辛苦探索和反复试验，对它进行改装。通信器材厂克服种种困难，制造了各种必需器材。用燃烧木炭产生的煤气代替汽油，将破旧的汽车头拆修改装为提供动力的发动机，用木杆在山头上架设天线。经过几个月奋战，1940 年 12 月 30 日，延安新华广播电台开始播音，呼号为 XNCR，发射功率 300W。

(一)延安时期的语言广播

延安时期是人民广播电台语言广播的发端，口头广播组在编制上隶属于新华社编辑科。1940 年 12 月 30 日，延安新华广播电台开播时只有一套节目，用汉语普通话广播，每天播音 2 小时。播出的主要内容有：中共中央机关报刊社论、重要文章、全国军民抗日斗争消息、抗日根据地的建设情况以及其他国内外消息。山东、山西、四川和云南等地都能收到延安的广播。在解放战争期间，许多重要新闻都是经毛泽东、刘少奇、周恩来等中央领导人审阅后才广播出去的。

---

① 毕一鸣. 世界广播电视发展史——视听传媒的历史变迁[M]. 北京：中国广播电视出版社，2010：320.

延安时期口头广播组的编辑来自新华社，广播的主要对象是敌后根据地军民，兼顾国民党统治区和沦陷区的群众。但是受技术条件所限，播音效果很不稳定。1943 年 1 月，当时新华社社长博古同志谈到新华社工作时说，询问各地，口头广播多不收，有时听不清、记不下，因此暂时决定停止口头广播。国民党侦测记录有播音员男女各一人，关于播出效果，据 4 月 19 日记录称："电力尚称强大，声音并不见佳，交流声及天电干扰甚烈。"可见，发射功率小、电压不稳造成播音有时清晰，有时模糊。1943 年春，发射机上的大型电子管坏了，播音被迫停止。经过技术人员努力改进，延安新华广播电台于 1945 年 9 月 5 日恢复播音。

1946 年 6 月，"口头广播部"扩大为"语言广播部"，编辑增加至七人。播音员从起初的一人增至三人。每天播音 2 小时，分中午和晚上两次播出。从 1946 年 9 月 5 日起，晚上播音时间延长至 1.5 小时。有新闻、评论、通讯、故事、演讲、记录新闻等内容，在不同的战争背景下还会根据受众需求适时调整节目内容。

1946 年，我党领导下的各解放区广播电台日益壮大，他们积极配合解放战争进行宣传，而国民党的党营广播事业逐步走向衰落。到 1949 年 3 月，各解放区的广播电台已经达到 24 座，形成了一个以延安为中心的解放区广播宣传网。

(二)播音创作的要求

在播音事业的萌芽时期，社会政治局面很不稳定，技术条件相对落后，播音创作活动产生的社会环境具有一定的特殊性。1946 年，《新华社语言广播部暂行工作细则》中对语言广播部的要求是"宣传党的政策和主张，报道国内外时局的动向，有计划与有系统地宣扬我党我军与解放区的事业和功绩，揭发国民党的腐败黑暗统治并宣传与鼓励其统治区广大人民的民主运动"。在新闻稿件直播中，播音员通常是接收编辑部送来的稿件，经过分析准备，再面对话筒播出，有时同一篇稿件要由一人或多人反复播出。当时由于电台播音间与编辑部相隔十公里路程，中间还隔着一条延河。通讯员天天骑马涉河送稿。遇到暴雨水涨，通讯员就用油布包好稿子，顶在头上，泅水过河，按时把稿件送到电台。碰到急稿，还要电话记录，马上直接播出。直接播出指播音员一次性在录音间播出，同时将声音变成电信号发射传播。从播音环境到播音状态及播音创作要求，直播都具有一定的特殊性。在早期直播条件下，对播音员快速识稿能力、广义备稿能力、话筒前语言播报的稳定性提出了较高的要求。

无线电广播初创时期的播音在艰苦条件下因陋就简、不断摸索，逐步形成相对稳定的表达样式。1947 年 9 月 5 日，延安新华广播电台正式开办了《对蒋军广播》(后改名为《对国民党军广播》)，这是电台开播以来第一个对象性节目，对于瓦解国民党军队的斗志发挥了积极作用。1947 年 9 月 11 日，延安新华广播电台开办了《英语新闻》，将收听范围扩大至外国听众。1947 年 3 月，延安新华广播电台更名为陕北新华广播电台；1949 年 3 月，陕北新华广播电台迁入北平，随即更名为北平新华广播电台，自此担负起中央台的责任。随着许多大中城市相继解放，人民广播接管了原国民党广播设备，一批人民广播电台陆续兴建。截至 1949 年，全国共有 49 座功率很小的广播电台，全国广播发射功率加在一起只有 138kW，全国只有大约 100 万架收音机。[①] 中国共产党领导下的人民广播事业从开播第一天起，就把“党的喉舌”与“人民喉舌”的完美统一作为最高追求。延安新华广播电台创办后，不仅及时、准确地宣传了党的各项方针政策，而且注意密切联系群众，听取群众意见，把为群众服务、当好人民“喉舌”作为电台工作的基本方针。延安新华广播电台还曾向社会发布公开信，广泛征求各地群众意见，积极改进和丰富节目形式。

---

① 《当代中国》丛书编辑部. 当代中国的广播电视(上)[M]. 北京：中国社会科学出版社，1987：1.

(三)播音事业发展

在对以中央人民广播电台为中心的四级广播宣传网进行建设的同时，中共中央也在对国民党统治时期的私营广播电台进行改造。中华人民共和国成立前夕，中共中央出台的《对新解放城市的原广播电台及其人员的政策规定》中禁止私人经营广播电台。中华人民共和国成立后，北京、上海、天津等地纷纷对私营广播电台进行改造与革新。对私营广播电台的改造与革新，实现了所有广播电台一律归国家所有，整顿了略显混乱的广播电台，使国家的方针政策得以更好地宣传。1949 年 6 月 20 日，天津人民广播经济台正式开播，其节目有《行情》《经济新闻》《综述节目》《市场动态》。1950 年，随着人民解放战争的最后胜利，中华人民共和国已有 49 座人民广播电台。上海人民广播电台的技术人员经过艰苦奋斗，迅速改善了技术设备陈旧简陋的状况。从 1950 年开始，用三年多的时间完成了虹桥路大型广播发射台的建设，同时建造了凯旋路、805、806 等几座发射机房。国民党上海广播电台留下的三部发射机，功率最大的一台也只有 1kW，为此，技术人员先后自行设计制造了 8kW 和 20kW 广播发射机，为扩大广播覆盖面提供了技术支持。1952 年 9 月，在北京东路 2 号大楼建成了新的播控系统，于 10 月 1 日正式使用。这个播控系统共有大小不同播音室 16 个，是当时国内规模最大、电路比较先进的一个播出系统。技术装备条件的改善，为扩大宣传规模提供了物质基础。1952—1953 年，包括华东台、上海台、联合台在内，播出节目共达 9 套，最多时每天共计播出 122 小时 44 分，为上海和华东地区广大群众提供了丰富多彩的广播节目。

第二节　广播早期直播

早期直播指在广播播音产生初期，没有录音设备的技术条件下，必须由播音员拿着稿件面对话筒直接播音的广播方式。从广播产生到20世纪50年代后期，陆续成立的县、乡（镇）、大队（村）、小队（屯）和城镇的一些基层单位的广播站一直采用这种方式，这与近几十年兴起的新型直播样态截然不同。早期直播是我国人民广播和播音主持形态的发端。在早期直播中包含如下几种播音主持样态。

一、广播早期直播的主要样态

（一）播音间直播

1. 新闻直播

在战时条件下，播音员在播音间直播新闻是早期播音的基本形式。它实现了用有声语言直接传递信息、宣传政策。播音员接到稿件，经过准备，在话筒前创作同时播出，这是早期播音工作的大致流程。1949年，陕北新华广播电台随中共中央机关迁到北平后，设有早中晚三次新闻节目以及《对野战军记录新闻》和《记录新闻》。1950年4月10日，中央人民广播电台的新闻节目从全天4次增加到7次，有《首都报纸摘要》和《国际新闻》，每天播出3小时15分钟的《记录新闻》。1951年5月1日，中央人民广播电台《各地人民广播电台联播》节目开播。1954年5月30日，中央人民广播电台开始分两套节目播音，新闻节目增加到11次，其中《各地人民广播电台联播》和《新闻和报纸摘要》逐步成为在全国有广泛影响力的两个重点新闻节目。

在这一时期的广播播音创作活动中，信息本身在传播中占有重要地位，尤其是播音间口播新闻节目的内容，关乎国内外形势变化的最新信息，在战争年代几乎每一条新闻都与时局紧密相关，深受大众关注。早期播音员直播的新闻内容主要有战报、政治消息、生产情况、国际新闻等，还有党中央的指示及党报社论。

那时电台没有录音设备，播音员对着话筒直接播出，隔壁有调配员监听，一旦出错便无法挽回，因而播音具有一次性的特点。为了准确传达党中央的精神，从那时起，播音员便具有了高度强烈的责任感，力求准确、清晰、鲜明地播报新闻稿件。这一时期，延安新华广播电台播出了许多党中央重要文件。1941 年 1 月，徐瑞章和姚雯两位播音员播送了新华社通讯员当日骑马送来的广播稿《中国共产党中央革命军事委员会发言人对新华社记者的谈话》，这是毛主席亲自起草的谈话。当天晚上，徐瑞章播完一遍后，姚雯再播一遍。在整个广播过程中，她们几乎用尽了全身的力量，使每一个字音都深深烙在听众心里。播音结束时，两位姑娘在冬日寒冷的窑洞中竟然汗流浃背。肖岩的回忆文章中也提到，播音员每天晚上广播一个小时，八九千字，接到稿子后认真备稿，反复朗诵，新闻稿基本上能背下来。

战时的社会环境和直播的紧张感极大地激发了播音员的创作热情，他们要在有限时间内对稿件进行深入理解，并且在话筒前情绪饱满、准确到位地传递最新消息。齐越同志在《播音员日志》中记录了 1948 年 9 月 24 日的一次直播，“那是在常规节目播出即将结束时，编辑从电话当中得到济南前线的战报，迅速交到播音员手中播出，然后又陆续接到电话，继续播出济南解放的消息，在节目播送了晚安之后，总编辑临时决定加播‘号外’，而且当天的号外在激动兴奋的情绪中连续播送了七遍，这是早期直播史上的一次重要事件”。可见，早期广播直播中已经能够利用直播灵活性强的优势，对节目内容进行增减、插入等操作处理，第一时间将新闻传播出去。

2. 文艺节目直播

早期直播虽然以战报新闻为主，但为了丰富节目内容，展现解放区的生活风貌，播音员除了播放有限的几张唱片外，还经常对着话筒表演文艺节目。播音员肖岩在回忆录中谈到，她曾在播音间唱过《黄河大合唱》《兄妹开荒》等歌曲，还组织一些会讲普通话的同志演播郭沫若的话剧《屈原》和《棠棣之花》。但是由于电力不足，播出信号极不稳定，机器经常发生故障，常常在节目中向听众道歉，请他们过几分钟再继续收听。早期的播音员在话筒前充当演员创作文艺节目是常有之事，唱歌、唱戏、吹口琴……可谓吹拉弹唱，各尽所能。

延安新华广播电台曾于 1945 年 10 月 6 日和 10 月 13 日邀请延安鲁艺文工团面对话筒直接演播节目。据相关人员回忆，第一次演播了《东方红》《庆祝胜利》《有吃有穿》等歌曲和秧歌剧《兄妹开荒》；第二次又演播了《民主进行曲》《胜利的消息到处传》《七枝花》等节目。别具一格、生动活泼的文艺节目通过电波传送到解放区和国民党统治区，让人民耳目一新、精神大振。这些都是早期文艺直播的内容。

此外，还有广播演讲。由于无法录音，需要把演讲者请到播音室直接播讲，朱德、林伯渠、王震、廖承志等同志都播讲过。因为交通不便，请人演讲很不容易，所以这样的方式运用得不多。

(二)现场实况广播

如果以播音的空间环境为依据分类，除了播音室直播外，还有现场直播。早期现场直播主要是现场实况广播，即工作人员在现场随着事件的发生、发展同时制作和播出广播节目。1946 年 9 月 25 日，延吉新华广播电台与吉林军区文工团共同组织 200 人演出《黄河大合唱》，电台对此进行了实况转播。当年 11 月，延吉新华广播电台又对万名群众公审大会进行了实况转播。1949 年 3 月，中共中央副主席刘少奇在天津跃华中学讲话，天津新华广播电台进行了实况转播，这是我国人民电台第一次转播中央领导同志的长篇讲话实况。

我国人民广播史上第一次大规模的现场实况广播是 1949 年 10 月 1 日北京新华广播电台在天安门广场对“庆祝中华人民共和国中央人民政府成立典礼”的实况转播，全国各地人民广播电台同时联合转播。齐越、丁一岚两位播音员站在天安门城楼西侧，使用老式碳粒式传声器进行现场播音解说。当时实况广播技术工作人员之一杨兆麟(后任中央人民广播电台台长)在《从延安到北平》一文中回忆道：“我们没有经验，现场实况只是报道了庆典的程序，并对一些重要场景做了简单描述。听众从收音机里听到了毛泽东和朱德同志的声音，听到了步兵部队整齐有力的步伐、骑兵部队疾风骤雨般的马蹄声和隆隆驶过的战车，听到了山呼海啸、震天动地的群众欢呼，我们以为这就是实况广播的作用。”第一次现场实况直播之后，广播工作者很快认识到问题所在，意识到应充分考虑广播现场的特点和规律，考虑受众依靠听觉接受信息的方式和心理，报道不能只是简明抽象地解说，应详尽描述现场的生动景象。经过调整，在此后的国庆报道的准备工作中，电台都要组织记者深入解放军各部队和参加游行的各单位采访并体验生活，以具体形象的语言编写广播稿，要求播音员的解说尽力引发观众的想象，以“如在目前，谛听忘倦，唯恐不得闻”的艺术表现力为目标，使听众如身临其境。这是人民广播实现了从口播文字新闻向现场报道直播迈进的一大步。

我国广播史上第一次广播体育比赛实况是 1951 年 5 月由张之解说的北京篮球、排球比赛大会，张之也成为我国第一位体育比赛实况广播的解说员。此后，中央人民广播电台在 1952 年 8 月成功地进行了中国与波兰男篮比赛实况广播。1956 年，中央人民广播电台对中央新闻纪录电影制片厂拍摄的《春节大联欢》进行了直播。实况广播由于现场感强、气氛热闹，很受听众欢迎。

二、广播早期直播的特征

我国广播的早期直播是人民广播事业和播音主持事业的开端，在特定历史背景和技术条件下表现出时代特色。播音间直播指播音员在没有录音设备的情况下，根据稿件提供的内容或编排节目面对话筒进行直播；现场直播指在大型活动中通过广播设备，把现场的实际情况、音响和播音员的解说同步广播出去，进行“实况广播”。

(一)实验性与示范性

随着无线电广播技术一同诞生的早期直播没有前车之鉴，播音员开创性地在实践中对于语言规范性、语言表达方式进行摸索尝试，不断试验改进，逐步总结了将文字信息转化成口头语言，将虚拟听众转化为真实交流对象的播音创作经验。这一时期的新闻口播形成了以文本为依据，以宣读宣讲为基本语态，准确鲜明地传达新闻信息的创作方式。在技术上，早期的电台信号时常不稳定，播音间使用的动圈话筒要求播音员播讲的音量大，导致播音员更需要唇舌用力，大声宣讲甚至喊话。播音创作以文字信息为依据，以声音传播为手段，在虚拟交流环境下直播播音活动二度创作的特性、创作时间的紧张性、感情表达的真实性等基本特征为后人总结播音创作规律提供了依据，同时为播音事业的发展起到了示范作用。

（二）一次性与精确性

早期直播包括播音室口播新闻、文艺节目和现场实况转播几种样态，播音员的创作素材通常是编辑好的稿件，在话筒前完成准备稿件——行之于声——及于受众的创作。信息的制作和发送是点对点单线传递，流程相对简单，播音员口播具有一次性播出无法更改的特点。传播出去的声音转瞬即逝，无法复制，要想记录只能依靠脑力或文字，因而这一时期的记录新闻是重要的播音主持外部样态之一。同时，这也对早期编辑、播音员等各岗位的工作人员细致编辑、精确操作、准确播出提出了现实要求。另外，战时宣传的内容经常涉及战况战报、重要文档，也促使播音员具备高度的责任感，播音员必须准确鲜明、一字不差地传播文字稿件内容。无论是口播还是现场实况，广播设备以线性方式记录着播音和实况活动发生、发展的动态过程，编辑根据前期采访、研讨等写作稿件，在播出现场与播音员一起完成有稿播音。这时的广播实况是广播现场直播的初级尝试，发挥了直播的共时性优势，使更多听众能够实时了解新闻现场。

（三）实时性与时效性

早期直播产生于以报纸、电报为主要媒介的传播时代，最大限度地保障传播的时效性。广播直播时段成为具有一定开放性的信息传播时间，最近战况在“号外”中的传达是紧跟重要新闻事件的动态播出，开国大典的实时传送是播音员在现场同步报道新闻事件的最新发展，这些都是新闻事件在直播中得到及时、有效传播的有益实践。尽管通信技术还不够发达，常态直播中新闻信息的传输大多依靠人力和电话系统，但广播从编辑到播音的每一个环节都能争分夺秒地缩短时差，力争时效性。听众不仅能够及时、准确地获得信息，也对广播媒体更加信任。

早期直播是广播播音初期经历的一个阶段，后来的广播直播中逐渐引入录音、音响、现场报道、热线电话、短信平台、嘉宾等多重元素，在创作依据上增加了动态元素，播音员、主持人可以与听众交流互动，样态日益丰富。尤其是 20 世纪 90 年代，随着经济广播电台的兴起，将电话系统和网络系统与广播信号处理和传递系统相结合，建立起了广播直播的新型模式。直播的状态、设备与功能都发生了重大变化。但早期直播在技术条件有限的情况下激发了广播工作者的主观能动性，具有及时性、贴近性、感染力和号召力，不仅创造性地完成了时代赋予的传播任务，更为今天的广播工作奠定了坚实的基础。

第三节　录音广播

20 世纪 30 年代，随着录音机的制造和使用，录音广播节目出现。中华人民共和国成立初期，各广播电台播控中心主要有播音室、传声器、电唱机、放大器等简单设备，少数电台有钢丝录音机或蜡盘录音机，只用来录制和播出少量文艺节目和特殊节目，如在 1949 年 10 月 1 日开国大典的实况转播中就使用钢丝录音机进行了录音。录音广播是随着录音机的应用而产生的一种广播播音主持形态，包含以下样态。

一、录音广播的主要样态

(一)录音间广播

1.录音新闻

早期的录音节目主要播放重要讲话和会议的实况录音。从1949年6月20日,北平新华广播电台[①]在每晚19:50的《演讲节目》里陆续播送了毛泽东、朱德、周恩来等领导以及李济深等各民主党派负责人在新政治协商会议筹备会上的讲话录音,各地电台同时进行了联播。同年9月21日,北平新华广播电台又用实况录音的形式,播送了毛泽东在中国人民政治协商会议上的开幕词。在全国政协开会期间,北平新华广播电台陆续播送了会议通过的《共同纲领》和毛泽东当选中央人民政府主席等实况录音。这是人民领袖的声音第一次通过人民广播电台传遍全中国,也是人民广播电台第一次应用实况录音的播出形式。[②]

1965年以后,中央人民广播电台基本实现了全面录播。但播控中心的直播室仍然保留,以便播出时效性强的新闻。同一时期,各地方电台也先后采用磁带录音技术,基本实现了全面录音播出。

播音间的录音设备的应用和升级有一个过程,并不意味着有了录播,播音员就可以随便出错,随意更改。原中央人民广播电台一位老播音员孟繁荣回忆,当时用的录音机是苏联生产的M-15型,计时要靠人工卡表,操作程序繁琐。如果播音员播错需要修改,一般要经过停机、卡表、倒带等十个程序,所以,播音员播音时会尽量避免出错,因为修改非常耗时。当时,录音员愿意同夏青那样很少出错的播音员合作。播音员从早期直播延续下来的一

① 1949年12月5日,北平新华广播电台正式更名为中央人民广播电台。

② 《当代中国的广播电视》编辑部.中国广播电视大事记[M].北京:北京广播学院出版社,1987:23.

字不错的优良传统一直保持着，成为一种职业素养。中央人民广播电台的《新闻和报纸摘要》和创建于 1951 年的《全国新闻联播》是两大新闻节目，内容主要是广播时政新闻，即党和国家领导人的重要活动。在播音方式上，随着录音设备的使用，节目形式日渐丰富，播音主持外部样态也从消息播报、广播评论、广播通讯、广播谈话扩展到现场报道、深度报道。录音通讯很受欢迎，常常出现在专题或新闻节目中。新闻评论和现场报道也在广播中有所突破。1979 年 4 月 26 日，《全国新闻联播》播出了第一篇署名"本台评论员"郭平的文章《改善中越关系的根本办法》；1979 年 10 月 1 日，《新闻和报纸摘要》节目成功播出了本台记者采制的国庆 30 周年联欢晚会的现场报道。

2. 录音文艺

录音设备的应用为综合性文艺节目的制作提供了物质条件，促进了文艺节目的发展。1954 年，在中央广播事业局副局长温济泽的带领下，我国第一个大型代表团访问苏联，学习苏联广播经验。回国后，我国广播工作者对综合性节目《广播杂志》和配乐广播产生极大兴趣，中央人民广播电台的文艺广播进入发展阶段。中央人民广播电台对民族、民间音乐和戏曲进行了广泛的采录工作，建立了广播民族乐团、广播说唱团等表演团体，节目来源逐渐扩大，文艺广播的内容日益丰富，音乐、文学、戏曲、曲艺等欣赏性、知识性、娱乐性节目不断增加。[①] 广播剧也在这一时期有了较大发展，它通过鲜明、生动、简练而又富有表现力的语言和音乐、音效等要素塑造形象、揭示主题。有人称它是"听得着，看不见"的"空中戏剧"，也有人说"是为耳朵写出来的戏"。这种诞生于英国的创作体裁，在我国得到了长足发展。1982 年 4 月，在北京举行了第一次全国性的广播剧评奖活动——"全国优秀广播剧评选会议"。之后，又陆续召开了儿童广播剧评奖会、戏曲广播评奖会。1981

---

① 《当代中国》丛书编辑部. 当代中国的广播电视(上)[M]. 北京：中国社会科学出版社，1987：62.

年至1984年，全国广播电台制作和播出的广播剧达2,161部。这一时期，文艺节目从内容到形式都有了很大改变。

（二）录音报道

广播在早期实况录音的基础上加入记者的口头报道，形成了录音报道这种体裁。1957年3月，左荧同志[①]在北京举行的录音报道业务员学习会上的发言中谈到："现场报道就是以现场的录音素材和记者的口头报道（或播音员的播读）为手段，来及时真实再现现实生活的一种新闻广播报道形式。"这是第一次对录音报道概念进行的明确阐述。总体来说，录音报道是由记者语言和录音素材相结合所构成的一种新闻广播报道形式。[②] 在此，我们将录音报道从播音内容上划分为新闻、通讯、评论、文艺作品；从播音方式上划分为播报、评论、谈话、演播等。

1.录音报道的发展

录音报道的创作源于20世纪50年代。上海人民广播电台于1950年4月2日播出了第一个录音报道《我们的一天——上海台生活片段》，由苗力沉撰稿并制作。这是我国人民广播电台早期播出的录音报道作品之一。随后，1950年5月3日，吉林人民广播电台得知海南岛解放后，立即出动宣传卡车，携带新添置的第一台钢丝录音机，到各工厂和市内主要街道采访，当晚在新闻节目里播出。由于录音设备不齐全，不能复制合成，在播放现场录音的同时，播音员在播音室里需直接插播记者的言语，录音报道播出过程繁琐而艰苦。1951年，中央人民广播电台部分使用磁带录音机，到1955年，文艺节目全部采用录音播出，有价值的唱片也全转录在磁带上，电唱机被播音室淘汰。1953年3月，中央人民广播电台先后派出记者高尔公、陈道宗、胡

---

① 左荧（1917—1984），河南获嘉人，1937年参加革命，历任北京广播学院党委副书记、书记、副院长、中国唱片社社长、中央人民广播电台代理台长。

② 任文礼.录音报道基础[M].北京：中国广播电视出版社，1995.

懋德和播音员俞炜等人随中国人民志愿军到朝鲜战场采访。他们通过战地录音报道,把“最可爱的人”的信息传递给祖国人民,采制了一批反映中国人民志愿军抗美援朝、保家卫国战斗生活的录音报道。同年12月,中央人民广播电台又派杨兆麟、赵斯金和播音员齐越等随第三批赴朝慰问团去朝鲜采访。他们采录录音报道,在朝鲜制作节目,送回国内播出。1953年年底,鞍钢新建的大型轧钢厂及无缝钢管厂和改建的7号炼铁炉建成投产,中央人民广播电台记者郑佳、高尔公、陈寰等到那里采制了一系列录音报道。这些都是我国早期录音报道的珍贵作品。

我国广播事业初期的技术和经验很多来自苏联。1954年7月6日至9月5日,我国第一个大型代表团一行18人访问苏联,学习苏联广播经验,中央广播事业局副局长温济泽担任团长。这一次交流,代表团带回许多办节目的经验。1954年,我国开始用磁带录音机做录音报道,过去苏联的M-8型机和T-10型录音机需要使用交流电,而且自重都有几十斤,外出携带采访非常不便。中央人民广播电台高级记者李宜回忆:“那时候,我们没有高级的轻便录音机,只有几十斤重的苏式8型机。记得学习苏联广播经验后,我采制的第一个录音报道是《萍乡煤矿在前进》。在萍乡煤矿采访时,和录音员一起抬着几十斤重的录音机深入井下,有的坑道很窄、很低,进坑道是我们抬着录音机跪着爬行。”①20世纪50年代后期,我国有了所谓的便携式录音机,重量也在几公斤左右,而且有一部分还是靠发条驱动的。国产和进口的手摇上发条的录音机,以及荷兰飞利浦公司盒式用干电池的录音机,虽然声音指标不算好,重量不轻,使用时还得上发条、换电池,但不需要使用交流电,还是很受记者欢迎的,记者们背着它到农村、工地采访方便了很多。采制录音报道的装备有了改善后,录音报道的品种也越来越多。李宜回忆:“1956年7月,中央台从日本进口了一批手提式录音机,这种录音机的外

① 李宜.我的事业心和责任感[M]//全国新闻职称改革工作领导小组办公室编辑组.我的新闻生涯.北京:中国新闻出版社,1988:339.

形像医务人员背的大药箱。尽管它仍然有十来斤重，但机械部分是靠发条发动的，我们却觉得它是个宝贝，我曾经背着它在三门峡工地录下来地质工作者……我边采访边录音边上发条，忙得满头大汗，采制了录音报道《野外的家》。"①

1962年6月，梅益同志在谈到改进新闻节目时指出："录音报道少，器材困难，这是一个情况，但也没有做大的努力。"②随着国民经济的好转和广播事业的发展，记者的录音装备得到很大改善。笨重的交流录音机被淘汰，国产红旗背包式录音机、L-601型录音机和为数不多的日本、荷兰产盒式带录音机，成为记者做录音报道的有利工具。技术条件的进步和新闻传播的需要，推动了录音报道的发展，涌现出一大批优秀的录音报道作品。在1963年全国优秀节目欣赏会上，推出《全国人民支援古巴》《新港的春天》《江南水乡试新船》等录音报道。经过广播工作者多年实践，编辑、记者、播音员都能提高相应技艺，更好地驾驭这一题材。例如，上海人民广播电台高级记者蒋孙万采写的录音特写《人民广场的故事》，语言细腻，配合交响乐，提升了报道的艺术性。

改革开放后，由于电子科学技术的发展，录音机质量有了很大进步。钢丝录音机、交流电录音机、手摇发条录音机和干电池录音机都被淘汰，取而代之的是精巧方便、高保真的录音机，记者可以携带它在任何时间到达任意现场。现代通信手段的发展，为报道提供了良好的传输条件，让听众几乎可以同时听到记者从各个现场采制的录音报道。

2. 录音报道方式的进步

广播录音报道和现场报道的基本工具都是录音机，报道方式与录音机技术同步改进。中华人民共和国成立初期，录音机很少，只有一些钢丝录音

---

① 李宜. 我的事业心和责任感[M]//全国新闻职称改革工作领导小组办公室编辑组. 我的新闻生涯. 北京：中国新闻出版社，1988：339.

② 广播电影电视部政策研究室，《当代中国的广播电视》编辑部. 梅益谈广播电视[M]. 北京：中国广播电视出版社，1987：237.

机，使用和携带都不方便，因而录音报道在广播播出的比例很小。这一时期的录音报道时效性不强，篇幅较长，手法简单，基本以“文字＋解说”为主，再加上“音响”或“讲话录音”。录音报道中的记者语言、采访语言、播音室播音员的语言基本都是事先写好文稿、审定后播读的，解说和对话具有强烈的念稿痕迹。但这种形式改变了广播新闻稿件全部由播音员口播的单一形式。

20 世纪 50 年代初，录音机刚刚兴起，需要使用交流电，非常笨重，给记者外出采访带来很大不便。几个人“抬着录音机去采访”或者是“边录音边上发条采访”，都是这一时期采制录音报道的广播记者的工作常态。在录音技术比较落后的条件下，录音报道采访制作的时效性不断增强，不过记者访谈和报道的语态还是照本宣科，工作流程也是先由记者写出文字稿件再由播音员播读，然后与录音素材混合编辑。记者的现场录音报道大多出现在体育节目报道中。

20 世纪 60 年代，小型轻便录音机逐渐发展，广播记者在采访中使用起来就方便多了，采访和制作的水平又有了提高。很多节目突破了解说加讲话的格局，虽然时效性不强，在形式上仍然是记者写成文稿由播音员播读，但是记者语言与录音素材的协调性和节目表现手法的艺术性等方面都有了较大提升。

20 世纪 80 年代以后，录音报道的数量和质量明显提高，轻巧、方便、高质量的小型录音机逐渐普及，记者外出一般都能够配备。装备的进步、操作的简便使新闻录音报道的时效性和现场感都有所提升，而且报道的题材日益丰富，思想性和艺术性不断增强，出现了一批短小精悍的报道作品。比如中央人民广播电台采制的现场报道《朱建华再次打破男子跳高世界纪录》，在 2 分 30 秒的报道里语言和录音素材都很富有感染力；上海人民广播电台的现场报道《上海市进行一次大规模的控制爆破》，全长 3 分 40 秒，内容干净利落，紧扣人心。录音报道由音响加解说的形式向记者在新闻现场直接观察、报道、录音的现场录音报道的形式发展。在后期制作上出现了“无剪辑”的报道，这也是采制方法、表现形式上的一大突破。在录音报道走向自然简练、不拘一格，录音素材成为主体的方向发展的同时，又出现了深度报道、系列录音报道和连续录音报道等形式。这些录音报道独立成章，连续成篇，使录音报道更能反映新闻事件的深度和广度。中央人民广播电台的十集长篇录音报道《重唱创业歌》，山东台的多集系列报道《新一代的概貌——闫立斌》就是这一方面的范例。

此时，广播的播出工作完全依靠手动，所有的节目源（包括录播节目、直播节目和外送的实况转播节目）都会编排好时间顺序，由专门的操作人员按时间切换到节目的输出端。在实况转播的同时，有时还要录音。剧场演出实况多半改为先录音，经加工编辑后选择适当时间播出。电台多配有专用录音车以便完成日益增多的实况录音任务。

二、录音广播的特征

（一）周期性与完整性

录音广播节目的制作过程具有周期性。一方面，信息资讯的传播需要经过记者写稿、编辑编稿、领导审稿、播音员备稿、播音制作等若干环节；另一方面，录播广播中，播音员、主持人的有声语言可以修改重录，也可以与其他声音素材编辑合成再变成电信号传播出去。此外，录音节目的播音创作也有一定的周期，从拿到稿件、准备稿件、录制稿件到编辑制作、反复修改，相对于直播增加了节目修改的空间，但降低了时效性，因而多应用于时效性较弱的节目。随着录音技术的发展，广播节目的制作效率逐渐提升、效果逐渐增强。磁带录音技术的采用，开辟了广播节目制作、储存和交换的新天地。磁带录音不仅具有质量高、成本低、能随时消抹改录的优点，人们还可以利用它对广播节目进行剪辑加工，复制保留，随时重播。这为以节目概念为单位进行制作提供了必要保障，增强了内容的完整性。

(二)丰富性与可感性

录音广播出现以后,作品逐渐融入人物谈话、音乐、现场声等多种声音元素。新闻类节目除了消息以外陆续有了评论、专题、访谈,文艺节目还有广播剧、小说等,稿件文体和节目类型日益丰富。播音员的语体形成了播报、评论、谈话、文艺演播等多种样态。现场录音的引入使得这一时期广播节目的丰富性和可感性大大增强。

(三)艺术性与传承性

相对于早期直播,录音广播具有较为充分的创作时间,录制过程可以反复,为播音作品的修改和完善提供了前提。有时,一部优秀播音作品的诞生,需要在话筒前反复锤炼。录音编辑也拓展了不同体裁的新闻作品和文艺作品的表达样式,例如录音新闻、录音剪辑、广播剧、小说演播等,这使得在录音条件下进行的播音创作日益丰富,大大提升了录音作品的艺术性。很多作品经过磁带记录得以保留,可以反复播放,供后人学习借鉴,弥补了早期直播时一次性播出,许多重要历史时刻的播音都无法重现的遗憾。

第四节　广播新型直播

一、技术发展

(一)有线广播

我国是一个拥有大量农村人口的农业大国,农村有线广播是我国广播事业建设的重要组成部分。农村有线广播建设经历了中华人民共和国成立后、"文革"时期到改革开放后几个阶段。20 世纪 60 年代，我国的有线广播建设已经取得快速发展。1966 年，全国有县级广播站 2，181 座，放大站和公社广播站 8，435 座，广播喇叭 1，100 多万只，均达到了农村广播网历史上的最高水平。77％的人民公社、54％的生产大队和 26％的生产队均普及了有线广播。[①] 1969 年，财政部和中央广播事业局联合发出《关于农村广播网经费开支问题的通知》，规定县（市）广播站的日常事业经费列入国家预算，公社广播站的日常事业经费列入地方预算。这对有线广播事业产生了深远影响。

20 世纪 70 年代，国家在下达国民经济计划的同时，又把出版毛主席著作，办好报纸、广播列为重要工作内容，从而进一步掀起了办广播的热潮。截至 1973 年，全国 95％的生产大队和 91. 4％的生产队接通广播，61. 5％的农户有了广播喇叭，全国有线广播网已基本普及。截至 1976 年年底，全国已建成县有线广播站 2，503 座，安装有线喇叭 11，301 万只，有线广播网路建设的质量大有提高。

20 世纪 80 年代初，我国已经形成以县广播台（站）为中心，以乡（镇）广播站为基础，连接千村万户的农村有线广播网。

（二）无线广播

在有线广播快速发展的同时，无线广播在技术、建设方面也取得了一定的进步。在这期间，半导体收音机的产量成倍增长，价格大幅度下降（1974 年半导体收音机产量和销售量较 1965 年年均增加千倍以上，同期售价下降 60％），有利于广播在边远地区的普及。

无线广播的进步还表现在传输手段和传送方式上。1969 年至 1972 年，中央广播事业局会同地方广播局分别在华北、华东等地区进行了中波同步广播的试验，还提出了精密同步的方法。1973 年，在天津召开的全国广播事业规划座谈会上，提出了"中波广播采取大、中、小功率相结合，以中、小功率

---

① 赵玉明. 中国广播电视通史[M]. 北京：中国传媒大学出版社，2004：316.

为主，地波覆盖，同步广播”的新技术政策，从此停止了大功率中波发射机的发展。

1968年8月，在济南召开的调频广播试验鉴定会肯定了无线广播发展的各项成果。中央广播事业局决定，建设三条调频节目传送线路，从北京通往安徽省黄山、黑龙江省大青山、陕西省秦岭。这三条调频线路于20世纪70年代初先后建成。由于它们实际上并不是按照节目传送的技术要求，而是按照调频广播覆盖网的要求设计的，因此，在沿线各台接力传送广播节目的同时，华北、东北、西北的广大地区也得到覆盖，从而奠定了中国调频广播网的基础。

(三)立体声广播

最初的无线广播有中波和短波两种方式，它们用调幅载送声音，在技术上比较容易实现。从20世纪60年代起，随着米波调频技术的发展，出现了立体声广播。立体声广播是在单声道调频广播的基础上发展起来的，就是按声音在空间的分布位置，利用人的双耳效应分成左、右两个声道，分别录制，然后通过一定的办法合成后调制到高频电磁波上发送出去；接收端再将两个声道的声音还原，从收音机左右两个声道的喇叭中播放声音，从而具有方位层次分明的立体感，使听众在听觉上有较强的现场感。20世纪50年代末，美国工程师赖纳德·康最先研制出立体声广播系统。1960年，在加拿大蒙特利尔广播站首次利用此种系统进行了调频立体声广播。1979年，一些电台相继开办了调频立体声广播，用双声道磁带录音机录制双声道立体声节目。

1979年9月26日，我国第一部立体声调制器在黑龙江省研制成功。一个月后，黑龙江人民广播电台利用这套设备播出了立体声广播节目。[①] 1980年12月，广东人民广播电台建立了立体声广播电台，播音时间较长，节目较丰

① 周小普.广播新闻与音响报道[M].北京：中国人民大学出版社，2001：19.

富，收听率也较高。中央人民广播电台1982年10月1日在第三套节目中采用立体声播出，并于1984年通过微波线路传送到东北三省。后来，全国一些地方台，如上海、天津、辽宁、武汉、无锡等地广播电台相继办起了立体声广播。

随着立体声广播的出现，广播传输的声音质量得以大幅提升，对于播音员的用声和语态也形成潜移默化的影响，从大音量、高嗓门的宣讲式语态，慢慢降调，向亲切的谈话式语态转换。1981年元旦，中央人民广播电台对台湾广播的《空中之友》节目开播，主持人徐曼以“近距离、小音量、入话筒”的方式和听众交流，就像朋友之间促膝谈心。《空中之友》开创了中国国内广播节目采用主持人形式的先河，标志着广播中新的节目样式——主持人节目的出现。1981年4月，节目主持人李一萍、李东在广东人民广播电台《大众信箱》节目中和听众见面。之后，四川、江苏、浙江、黑龙江等省级电台和一些市级电台也相继开办主持人节目。

立体声广播的出现大大提升了文艺节目的传播质量。文艺广播经历了口播——唱片——钢丝录音——电磁胶带等阶段，从初级到高级，从简单到复杂，从单声道广播逐步向立体声调频广播过渡。

(四)卫星广播

自从1963年7月美国成功发射世界上第一颗同步通信卫星“同步2号”后，卫星通信技术迅速发展。随着空间技术的进步及卫星用大功率行波管的试制成功，到了20世纪70年代中期，各国开始发射实验用的广播卫星。1974年5月，美国发射了“应用技术卫星—6号”。1976年1月，加拿大与美国发射了“通信技术卫星”。同年10月苏联发射了“荧光屏”广播卫星。1978年4月，日本发射了“实验广播卫星”。到了20世纪80年代，卫星广播进入实用阶段。1985年年底，在赤道同步轨道上工作的专用广播卫星，有日本12吉赫频段的“广播卫星-2a”“广播卫星-2b”，为个体接收；苏联700兆赫频段的“荧光屏”广播卫星，服务于苏联西伯利亚等地区，为集体接收。我国于1984年4月8日成功发射了第一颗试验通信卫星，它于当月16日零点准确定位于东经125度赤道上空,于20日起开始进行15路广播和1路彩色电视的传输试验。1987年12月,黑河913台建立黑龙江省第一个广播地面卫星接收站,直接收转中央人民广播电台节目。

中央人民广播电台在1984年10月1日转播首都庆祝中华人民共和国成立三十五周年阅兵式和群众游行以及首都国庆焰火联欢晚会实况时,用了30多个传声器,检阅车和采访记者还配备了无线传声设备,各路信号须经过几个分调音台再传送到主调音台。多种播控技术的综合使用,令这次实况转播内容比较丰富、生动。

1985年,我国租用国际通信卫星传送广播电视节目。到1993年,开辟了11条电视卫星通道,包括12套电视节目和30套广播节目。卫星电视地面站从1986年的1,599座发展到1993年的54,084座,节目覆盖率和传送质量都得到了很大提高。最初,中央电视台负责向全国传送广播电视节目,它的几套节目利用卫星传送,为的是扩大在全国的覆盖。各省级台负责向本省观众提供广播电视节目,但由于一些地方地形复杂,覆盖有困难,因此也开始通过卫星传送节目,有效地提高了本省范围内的覆盖率。地方电视台陆续上星,打破了广播电视传播的地域限制。同时,20世纪90年代,行政区域性有线电视以空前迅猛的速度发展起来,卫星电视节目通过有线电视的传播迅速扩大了覆盖面,越来越多的省级电视台开播卫视频道,面向全国播出。1992年10月,中央电视台第四套节目成为中国第一个国际卫星电视频道,覆盖80多个国家和地区;1996年,中央电视台全部节目已能通过卫星传播覆盖全国;1999年,全国已有约30个省级电视台节目采用卫星传送节目。上星频道越来越多,打破了中央电视台一家面向全国播出的局面,使国内电视节目的竞争态势日趋激烈,各台都努力制作观众喜爱的节目,以获得更高的收视率。当然,各地方台节目质量、创作水平参差不齐,湖南、江苏、浙江逐渐发展成为地方台中的佼佼者。

卫星传播技术的发展,带来信息传播范围的扩大和信息传播速度的加快。广播文字稿件的编辑传送更加快捷。20世纪60年代以前,各种录音报道的素材都要通过邮局寄回电台，然后加以编辑制作。自从1974年微波干线开通以后，中央人民广播电台在各省、自治区、直辖市的记者站逐步利用微波线路把录音报道的素材传回北京。20世纪80年代初，各省、自治区、直辖市加速发展广播电视节目传送专用微波线路，不少省级广播电台驻各地区、各省辖市的记者站也可以通过微波把录音报道的素材传回省会。中央人民广播电台、中国国际广播电台记者在国外采访的录音报道、现场报道都是通过国际通信卫星传回国内的。由于卫星、微波等先进通信手段的应用，新闻报道的时效性大大增强。

（五）数字广播

在数字广播产生之前，广播采用的模拟技术是以连续波形传送的。在移动接收的同时，由于频率和时间的选择性，会使信号衰减，影响接收质量。而数字和压缩技术将所有的模拟信号都转化为比特，为在普通媒体中传送各种信号铺平了道路。数字音频广播（Digital Audio Broadcasting，简称DAB）以数字技术为手段，可移动传送高质量的声音节目和数据业务，可以说是20世纪90年代出现的广播技术形态的又一个里程碑。

1995年9月27日，英国广播公司（BBC）首先进行了DAB广播，欧洲一些国家如瑞典、丹麦、法国、德国、荷兰等紧随其后，至此，DAB广播正式登场。

1996年12月15日，中国数字音频广播在佛山开始试播，从佛山电视塔传送中央、广东、广州、深圳、佛山等六套数字音频节目。DAB不仅可传播声音，还可同时传播广播电文、静止画面、计算机程序等，甚至可以对移动的电视接收机传送电视节目。如今，接收数字音频广播用的数字收音机业已出现，这种收音机可接收多频道和单频道广播，通过菜单选择所有频道，并可提供CD音质。

数字广播最大的优势是抗干扰能力强，输出的声音纯净，便于移动收听，大大提升了声音传播质量；另外，地面广播和卫星广播统一技术，便于广播信息的全球化传播。美国世广卫星集团计划发射“亚洲之星”“非洲之星”和“美洲之星”三颗同步通信卫星，向全球直接播放数字音频广播。对于电台而言，数字广播所使用的频带窄，能够增加可利用的频率数量，还能够提供传送数据等多种新业务，达到声像俱全、图文并茂的效果。

（六）网络广播

网络广播是继有线广播、无线广播之后产生的新的广播形式，利用互联网来传输广播音频信号，包括广播网络化和网络化广播。

广播网络化是把网络作为传统广播的延伸，把传统电台的节目放在网络平台播放。1995 年 4 月，位于美国西雅图的“进步网络”在网页上放置了一个 Real Audio System 的试用软件，提供“随选音效”服务，这一举措标志着网络广播的诞生。随后，世界上主要国际广播公司纷纷与网络联姻，BBC 建立在线新闻网站，美国之音（VOA）用 23 种语言在网络上进行音频广播，法国国际广播电台用 5 种语言在网上进行新闻广播。1997 年 3 月 18 日，上海东方广播电台《梦晓时间》节目新开设的《东广信息网》与“瀛海微时空”合作，开创我国网络化广播之先河。1998 年 2 月 28 日，北京经济电台《动心 9 时》开始网上直播。中央人民广播电台、中国国际广播电台、珠江经济广播电台等也各自推出网络化广播。网络广播节目与传统节目形式变化不大，只是播出方式从录播、直播发展到点播。

广播网络化是网络广播发展的前期，随着互联网的普及和网络功能的强大，网络广播使受众的参与性增强。广播将在互联网时代改变单靠音频传播的模式，实现视频、音频的多媒体传播。

广播网、数字化、卫星、互联网等广播技术的综合发展为新型直播的产生奠定了物质基础，广播播音主持的新型直播形态中包括以下样态。

二、广播新型直播的主要样态

随着卫星技术、通信技术的发展，社会政治环境的变化，人们生活节奏的加快和生活水平的提高，大众对于新闻时效性和信息量的需求与日俱增。在这样的背景下，广播再次回到直播。1986 年 12 月 15 日开播的珠江经济广播电台首开先河，以大版块节目为基本形式，两三个小时为一节，主持人直播串联节目。这一改变使广播改革进入全新阶段，全国相继成立了 70 多家经济广播电台，至少上百家的人民广播台都推出直播版块节目，自此广播节目形成新格局。各地电台继陆续开办经济台之后，又兴起开办音乐台、交通台等，并且大都采用直播大版块的节目形态。有的台全天节目都由大版块组成，有的在全天节目中开辟一个、两个或几个版块。“新型直播”与前文论述的“早期直播”不同，在设备上，从过去简单的播音间转变为现代新型直播工作站，具备调音台、多路输入和输出端口、调制解调器、切换节目的调度台、音响和音乐播放器、主持人话筒、嘉宾话筒、主持人工作电脑、听众电话、网络等。

(一)直播报道

电子传播技术的飞速发展，为广播“回归直播”提供了技术保障，新闻节目直播直击现场、实时跟进，成为人民群众了解新闻事件真相的快捷渠道；体育节目直播紧跟赛事，现场解说、评论扣人心弦，各类型体育赛事以及综合性体育盛会的直播吸引着大量受众……进入 20 世纪 90 年代以后，直播节目的增多大大提升了各类型广播电视节目的时效性，尤其是在新闻节目中效果更加明显，广播播发“刚刚收到的消息”逐步成为常态，这也满足了大众对新闻信息量和时效性的需求。珠江经济台逢整点播出资讯，逢半点播出新闻，每天各 19 次，这在当时以录播为主、缺少必要反馈的传统模式下，开启了以直播串联报道为主，鼓励听众参与的全新交流模式。中央人民广播电台1988年在第一套节目设置整点新闻，及时跟踪报道最新发生的事件。“1994年，中央电台充实完善整点新闻滚动播出机制，日播出由20世纪80年代中期的16次增加到21次，到1998年，综合性新闻节目增加到24次，此外设有信息节目12次。”①节目直播中，来稿经过快速编辑审核就送到直播间播出，大大缩短了播出的时间周期，当日新闻量剧增，提升了新闻传播的时效性。地方广播电台大多开办了整点新闻，随时播出最新消息，许多电台也增加了直播节目。在开办整点新闻、提高新闻时效的同时，许多电台增加了新闻评论性节目。

广播新闻直播在消息播报的同时也逐渐向深度报道发展。1994年10月1日，中央人民广播电台推出了新闻评论性节目《新闻纵横》，对重要新闻事件和社会热点问题进行深度拓展和延伸报道。其中的《今日观察》主题栏目就是以报道和评论的方式对新闻事件展开讨论。2004年1月1日，中央人民广播电台新闻综合频率以“中国之声”的呼号全新登场，分8大节目版块，由频率总主持人和栏目分主持人合作，全程直播。从2007年12月24日零点起，中央人民广播电台“中国之声”开始实现全天不间断播出，成为唯一覆盖全国24小时播出的广播频率。2008年11月1日起，中央人民广播电台王牌节目《新闻和报纸摘要》从录播改为直播，并在保证安全播出的前提下，积极采取多种报道方式，努力提升新闻时效。如2008年11月20日上午6点半的节目就杭州地铁施工现场塌陷事故，以记者现场连线的方式进行同步直播，前方记者介绍事故抢险现场的最新情况。这是《新闻和报纸摘要》节目直播后首次尝试对新闻事件进行同步直播，实现了重要突破。

在广播新型直播形态中，播音员、主持人的功能由“专业”向“复合”拓展。早期直播时期，信息传播速度相对较慢，编辑写作并由领导审核通过的稿件几乎是播音员能够掌握的唯一信息，播音员需要集中精力考虑如何在话筒前把稿件内容传递清晰，一字不差，属于有稿播音。直播时的各种突发

---

① 徐光春. 中华人民共和国广播电视简史1949—2000[M]. 北京：中国广播电视出版社，2003：383.

情况难以预料，播音员、主持人必须具备较高的政治素养、新闻素养和心理调控能力，并且平时加强广义备稿练习，培养快速反应能力和较好的语言播报及组织能力，为直播做好充分准备，直播时随机应变，时刻准备应对突发状况。

新型直播中，主持人处于信息传播的核心地位，负责组织各方面的信息，拥有了更大的创作空间。播音员、主持人不仅要有政治把关人的思想觉悟，还需要具备综合能力，接收来自各个渠道的信息，进行组合汇编，适时接入记者报道，引入嘉宾参与，接听热线电话，集“采、编、播、录、控”于一体，是主持、调度、引导、运行整个节目的枢纽。

（二）直播互动谈话

如果说直播报道增强了信息传播的时效性，那么引入热线电话和网络平台，以听众参与和嘉宾谈话为主要形式的“互动”环节的应用，可以说是广播形态的又一大创举。电话、网络等通信技术的普及为广播形态的变革提供了契机。

1876 年，美国科学家贝尔发明电话。1877 年，中国人在上海架设了第一部电话。1949 年，中央加快恢复和发展通信，但到 1978 年，中国的电话普及率只有 0.38%，平均每 200 人拥有不到一部电话，大部分县城和农村还在使用“摇把子”。改革开放以后，中国加快基础设施建设，自 20 世纪 80 年代中期开始，家庭电话作为大众通信工具才日渐普及。到 2003 年 3 月，固定电话用户达到 22,562.6 万，移动用户达到 22,149.1 万。

家庭电话的普及契合了广播传播模式的改革，“直播＋热线电话”可以说是广播发展史上的创新。1993 年 10 月 28 日，上海东方电台开办，采取 24 小时主持人直播和整点新闻滚动播出的形式，大规模引入听众电话参与，包括热线点播、热线采访、热线谈话、热线咨询等。热线电话的引入使得广播再次繁荣起来。上海东方电台开播后的 4 个月内，就收到听众来信 30 万封，平均每天 2,500 封。据上海市电话局统计，上海“东方电台”直播室热线电话,高峰时一分钟内竟有 4,000 门电话同时往里打。[①] 1992 年 10 月,上海电台开办了直播新闻类谈话节目《市民与社会》,节目邀请市领导、专家来到播音间,就大家共同关注的话题进行讨论。市民和听众随时可以打进电话参与讨论。节目在市民、政府之间架起了一座沟通的桥梁。时任上海市市长、副市长、市委书记、副书记、各区区长、县长以及政府各部、委、办、局的负责人都曾经走进直播室和市民交流,在社会上引起了很大反响。1993 年,北京人民广播电台推出《人生热线》节目,主持人苏京平和专家学者一起就婚恋家庭、心理健康、人际交往、生活烦恼、社会公德等话题与听众探讨,并开通热点电话,开展咨询服务,获得巨大成功。1996 年,《杭州广播电视年鉴》杭州广播电视发展概况中提到:"增加主持直播节目,密切和群众的关系,为群众服务,吸引观众、听众直接参与节目的制作播出成为时尚。各电台、电视台普遍办了热线服务栏目和医药卫生等专题性服务节目,开通热线电话直接为群众排忧解难。西湖之声电台的《热线 7:20》坚持了三年多,为听众办了大量实事,在老百姓中竖立了很高的威信。从 1995 年 12 月 11 日开始,热线和市长专线电话办公室联办,将政府工作和舆论监督紧密结合起来。"

广播网络与进入千家万户的电话连为一体,主持人、嘉宾、听众通过电话交流,使广播这个大众传播媒介兼具了人际交往的特性。热线电话将人际交往纳入广播节目的大众传播过程中,弥补了单一的大众传播因深层情感联系和心理基础不足而在传播效果方面可能存在的欠缺,同时又为二者的融合找到了契机,优势互补。

人们可随时随地拨通电话参与节目、报道新闻、请求援助、反映问题、发表意见或评论。热线电话节目在内容上更为贴近生活、贴近实际、贴近听众。热线点播可满足点播者个人的娱乐需求,也可满足点播者对亲朋好友表达思念、问候、祝福等情感需求;热线服务为听众提供咨询、导购等方面的服务;热线谈话用于沟通思想情感,排除心理障碍;热线讨论大多与群众关

---

① 王金福.直播+热线电话的效应[J].新闻与写作,1995(6):22-23.

注的热点、疑点、难点问题有关，或讨论恋爱婚姻、家庭生活、人际关系、伦理道德、理想追求等人类社会的永恒话题。

同时，互联网以及层出不穷的聊天工具和社交网站给主持人了解受众提供了窗口，主持人通过个人或栏目的微博、博客等不仅能够聚集人气，还能捕捉受众变化，有针对性地调整节目方案。这种结合使广播传播信息快的优势发挥到了最大限度，使广播节目形式更加生动活泼，内容更加真实可信，成为广播节目样态的重要特征。

广播主持人的语言体现出口语化与规范化、艺术性与严谨性的和谐统一。主持人需要在不经意的闲谈中运用紧凑精练、富有逻辑的语言，既像生活口语那样生动活泼、挥洒自如，又像书面语言那样讲究结构和布局。主持人的语言看似即兴，实则经过精心策划；虽出于生活口语，但比口语更规范、更具美感。可见，这是一种具有较高艺术水平的语言，引导大众的审美情趣，给听众以极强的感染力，更易于使听众产生共鸣。

三、广播新型直播的特征

（一）直通性与共时性

如果说录音广播节目从制作采集到生成需要一段时间周期，那么新型直播就打通了节目生产过程中的层层屏障，从新闻现场直通受众，很好地实现了“提速”。直播状态下，现场的声音信号（包括记者和同期声）通过直播车或其他装备直接传入直播间调音台，再由调音台输出到发射台。直播状态下，记者在新闻现场进行报道，其声音信号通过电子通讯设备进入直播间，由主持人调度播出，记者与主持人还可以就事件交流讨论，同步播出。这样新闻事件的发生、采集、报道、传播、收听过程几乎同步进行，信息直达。

热线电话和网络信号的引入又使广播传播增加了获取信息的“信源”，使节目具有更强的真实性和时效性。比如：过去的录音报道能够把新闻事件的本来面貌报道给听众，但后期制作难免存在加工痕迹和时间差。如今，通过电话连线，记者将节目的采制过程“原装”播出，新闻现场、演播室、场外嘉宾、听众等几个端口，无论相隔多远，都能在同一时间存在于同一信息的传播过程中，达到共时互动交流。

新的通信技术，使信息传播速度大大提升，广播节目的采、编、播流程大大简化，为提高广播节目的时效性奠定了基础。国内许多电台配置多功能转播车，充分利用数字技术，解决了现场直播、录播、扩声和节目数字化回传等问题，提高现场播出的机动性和及时性。记者带上数字采访机、笔记本电脑和电话线路回传设备，就可以轻装上阵、快速出击、及时报道。广播正在利用各种传输手段，提高信息采集速度和传输质量，在时效性上下功夫。

（二）人际化与可听性

随着广播新形态的出现、人际交往手段的引入，主持人人际交流方式出现在广播中。传统广播形态中，传者与受众在时间与空间上处于分离状态，无法面对面交流，受众的不确定性会影响到传播效果。电话、网络等人际传播手段的加入，使广播这个大众传播媒介兼具了人际交流的特性，广播网络与进入千家万户的电话、网络连为一体，将“一对众”的大众单向传播媒介与“一对一”的人际双向传播媒介结合起来，主持人、嘉宾、听众通过电话和网络交流，这一过程实质上具备了双向或多向交流的特征。

在这样的传播模式下，人际传播的针对性更为明显，能更有效地对受众施加影响。受众不再是模糊的存在，可以通过打进电话或网络参与表达观点，和主持人直接对话。谈话过程中，信息选择可以随时进行，信息传递误差可以不断校正。主持人对象明确、想象具体，可以“对症下药，量体裁衣”，根据听众的不同情况、不同需求选择不同的交流方式和语言，增强广播的实用性和可听性。

广播新型直播将人际交往纳入广播节目的大众传播过程中，这种结合使广播传播信息快的优势发挥到了最大限度，使广播节目形式更加生动活泼，内容更加真实可信，从而满足了受众求快、求新、求真的需求。广播新型直播为广播事业的发展和形式的变革注入新的活力。

（三）包容性与互动性

现代传播技术和广播直播方式的包容性，使听众参与广播的方式灵活多样，包括电话、短信、互联网、微博等公共信息平台等。即时反馈作为传播中的一个重要环节也大大优化了传播效果。广播新型直播在通信技术、网络技术的连接下实现了更大空间的“共时性”传播，而在大众传播中实现“共时互动交流”可谓广播改革的一大突破。单向传播中传播者必须有理由传播，产生动机，然后在大脑中对信息进行加工、整理，再把信息编制成代码，对肌体发生指令，产生符号即广播中的有声语言。接收者必须把注意力集中在这些符号上，通过感觉渠道从符号中抽出某种信息，将大脑加工和脑中已存储的信息相结合，并根据自己当前需要进行分析、判断，进一步作出抉择。具有互动性的双向传播（或回路传播）是一个往返、重复、交错的传播过程，每一个人既是传播者也是接收者。这样的传播有两个必要条件：一是传播参与者必须共处于彼此听得到说话声音的空间里，二是传播必须是共时的。那么广播就是在新技术支持下实现了时间和空间的跨域和统一，主持人、现场、记者、嘉宾处在信息交流的各端点，无论相距多远，互动交流都没有障碍。在新形态广播中，直播元素与主持人元素、听众参与元素、版块结构元素相结合，演变出丰富的节目形态，使节目具有了共时交互性，这是新形态广播的新机制，是广播旺盛活力的源泉和价值所在。

第五节　技术发展对广播播音主持形态的影响

广播诞生至今，广播技术从初期直接传送声音信号到录音机的发明，电话、网络的普及，每一次技术变革都会带来广播传播主体创作形态的变化。

广播播音主持从早期直播、录音广播，到现场直播报道、直播访谈类节目等，要求节目主持人不仅要有较强的语言表达能力、倾听理解能力、分析综合能力，还要熟练地驾驭广播特有的节目形态。播音主持创作形态由单一到多元，结构由单向到复合，空间由平面到立体，传播范围由小众到大众。

一、技术进步

(一)声音质量的提高

广播依靠声音信号进行传播，声音是信息的载体，声音质量与传播效果有直接关系。在广播技术发展历史中，话筒、录音机、音频工作站、立体声广播、数字化设备等各个制作环节的技术进步，都在坚持对于优质声音效果的追求。

1. 话筒

话筒的进步直接提升了播音员声音传播的质量，甚至影响着播音员用声和播音语态的调整。1875 年 6 月，贝尔(1847—1922)发明了电话，送话器随之诞生，这就是话筒的前身。早期的话筒是炭精话筒。中华人民共和国成立初期，全国各广播电台接收国民党时期遗留下来的陈旧、简陋的设备，1949 年 10 月 1 日，开国大典实况和毛主席讲话就是用这种设备录制的。之后又出现动圈、铝带、电容、压电晶体及驻极体等不同结构的话筒。目前，话筒的结构更精细，性能更优良。广播专用话筒有动圈话筒、电容话筒、大振膜电容话筒及铝带话筒等。话筒的进步使得播音员的有声语言创作由高音大嗓转为近距离、小音量。先进灵敏的话筒使得播音员、主持人需要更加灵活地运用气息和唇舌的力量，摸索吐字用声方法，提升语言表达的美感。

2. 录音机

录音机的发明和使用使广播节目创作日益丰富和完善。1930 年，钢丝录音机应用于广播。1935 年，德国科学家弗里奥默发明了代替钢丝的磁带，即在纸或醋酸纤维基带上涂敷磁粉来代替钢丝，随后磁带录音机诞生。同年，德国通用电气公司制成了磁带录音机。但是初期的录音机磁带盘为轮盘式或敞盘式，笨重且不易保存。1962 年，荷兰飞利浦公司发明了盒式磁带，接着便出现了卡座式录音机。这种录音机性能优良，并逐步实现了元件集成化、控制电脑化、播放自动化及音质立体声化。

我国的录音机研发起步于 1949 年，留美学生宋湛首先试制成功钢丝录音机。1951 年 6 月，他创立上海钟声电器工业社，生产出我国第一台“钟声牌”101 型钢丝录音机；1955 年又研制出我国第一台磁带录音机——“钟声牌”591 型盘式磁带录音机；1958 年试制成功“钟声牌”810 型携带式磁带录音机；1960 年，上海录音器材厂又开始研制“钟声牌”L601 型电子管磁带录音机，该机 1963 年定型投产，被全国广播系统广泛使用长达 20 年。1959 年，中央广播事业局广播设备制造厂研制出我国第一台电子管开盘式磁带录音机，该机 1963 年 5 月定型，即 LY-635 型开盘落地式磁带录音机，亦被全国广播系统广泛使用。模拟录音机因优质的声音效果和便捷的操作为这一时期录音新闻、录音报道、广播文艺等多种节目形态的发展提供了物质基础。20 世纪 90 年代，随着数字技术的发展，以快闪存储器为存储媒介的数字录音机问世，不仅能在计算机上进行信息加工处理，也更适合记者采访使用。

3. 数字化广播

模拟方式调频（FM）广播曾以良好的声音广播质量受到听众欢迎，但模拟的窄带传输方法的主要问题是对多径传播缺乏抵抗能力，尤其在移动接收时，由于无线电信息的频率选择性和时间选择性，多径传播会产生严重的信号衰落现象，损害接收质量。数字音频广播以数字技术为手段，可以在移动状态下传送高质量的声音节目和数据业务。以传播多媒体信息为主的数字音频广播（DAB）业已出台。多媒体的关键技术包括数据压缩技术、大规模集成电路(VL-SI)制造技术、CD-ROM 大容量光盘存储技术、实时多任务操作系统以及声音的数字化技术。这些技术是使广播从模拟走向数字的关键。DAB 采用多路复用方式,可将数字音频信号通过当地同步网、本地电台、卫星和电(光)缆网等传送到用户的接收机,使每个频道传送多套高质量立体声节目。

2007—2010 年,日本完成传统广播向数字广播的过渡,美国 2010 以后也把数字广播作为主要传输方式。

(二)制播时效的提升

广播播音的早期直播中,前期的信息传输需要花费大量时间和人力;录音广播阶段的录音、制作、播出设备不断进步,节目播出日益完善;新型直播阶段,在数字化技术的支持下,制播环节具有了直通性,大大提升了制播时效。广播电台的制播设备包括节目制作和播出控制两大部分。节目制作系统所承担的工作是录制、编辑节目。播控系统所承担的工作是播音、收转、控制等。它们所用的设备以前是话筒、电唱机、录音机、调音台、控制台等,现在又增加了各类音频工作站。

我国电台的播、录、控等制播设备从 20 世纪 50 年代起大部分从苏联进口,少部分由自己组装。到 20 世纪 60 年代,由于国家坚持自力更生的建设方针,所以省级以上电台开始将旧设备更新成国产设备。到 20 世纪 80 年代,经济条件较好的电台便开始引进发达国家较先进的设备,使国内广播电台的播控设施逐渐缩小了与世界先进国家的差距。20 世纪 90 年代以后,各级电台逐步对播、录、控设备进行数字化改造,开始普遍采用录制音频工作站和播出音频工作站。这是一种高集成的声音记录设备,一台数字音频工作站相当于调音台、多轨录音机编辑机、效果器等录音棚中的全部设备。它可以完成从录音、编辑、缩混一直到刻出母盘的全部音频节目制作环节。音频工作站的出现,节省了设备,简化了音频录制程序,降低了音频录制成本,也提高了广播播音主持环节的工作效率。

到 21 世纪初，全国省级以上及部分地级广播电台的制播设备完成了数字化改造，普遍采用各类音频工作站及局域网进行节目制作、编审和播出，基本实现了节目制作数字化、网络化及节目播出自动化。

(三)覆盖领域的扩大

1. 有线广播

我国是有线广播最发达的国家之一，有线广播始建于 1946 年，20 世纪 80 年代初形成以县广播台(站)为中心，以乡(镇)广播站为基础，连接千村万户的农村有线广播网。有线广播使用有线电视光缆传输广播信号入户，克服了无线信号传播过程中的诸多干扰因素，拥有良好的音质。

第十一次全国广播电视工作会议提出的中央、省、地、县"四级办广播电视"的方针极大地调动了中央和地方办广播的积极性，全国兴起办广播、办电视的热潮。1980 年，全国有广播电台 106 座，1985 年年底发展到 213 座，到 1996 年年底又发展到 1,244 座。1980 年，全国对国内的广播节目为 149 套，现已发展到 1,414 套，对国内广播使用 35 种语言，对国外广播使用语言达 43 种。

2. 卫星广播

自 1963 年 7 月美国成功发射世界上第一颗同步通信卫星"同步 2 号"后，各国开始发射试验用的广播卫星。卫星广播能够直接覆盖全部国土，不需要在地面再建设全国性的微波中继节目传送网。同时，卫星传输广播清晰度高、失真率小，比地面采用的残留边带条幅电视广播质量高。

卫星广播增加了新闻报道的灵活性和及时性，可以利用现场架设好的移动上行站直接把节目送往卫星。外地节目也可直接送往卫星，或由全国若干个电视中心定时轮流把节目送往卫星并向全国广播。卫星广播大大提高了新闻类广播节目在同类节目中的竞争力。

二、形态变化

关于播音主持“形态”的概念在绪论中有所论述，对于不同时期播音主持创作形态的分析，我们从播音主持外部样态、内部结构和对播音员、主持人的素质要求入手，将特定技术条件下播音主持创作活动的内外部特征综合分析。

（一）外部样态

播音主持创作活动的外部样态是指创作活动的时间、空间表现形式，创作依据等播音主持形态的外部特征。

1. 创作样式

早期直播、录音广播和新型直播在不同的传播模式里体现出时态上的差异。“时态”通常表示行为发生的时间和说话时的关系。在广播制播技术的发展过程中，信息传播方式经历了巨大变化，信息传播水平日益提高。广播播音主持创作活动用有声语言传播信息，在准备播出内容、运用有声语言播出、接收听众反馈等一系列的创作活动中也具有自己的创作时态，在不同技术时期，广播播音主持的创作体现出不同的时态。

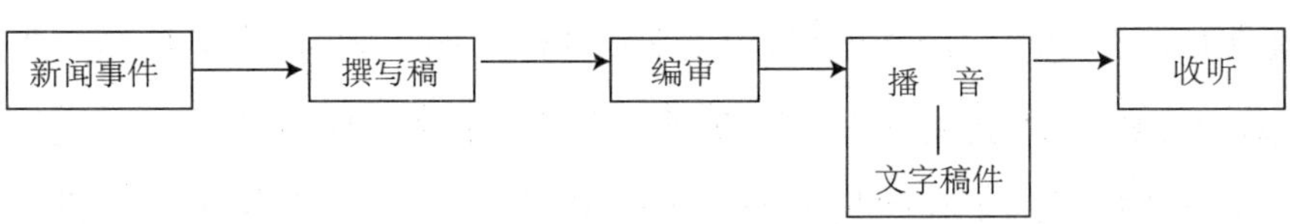

图 1-1　广播早期直播流程

早期直播虽然在播出环节与受众收听上基本处于同一时间，但是相对于新闻事件的发生，消息传递就属于过去时了。从信息发出、传播、接收、反馈的过程来看，由于运输、交通、播出等各项设备简陋，人力传送信息的滞后性，从信源到受众的信息传输需要经历较长的时间周期。播音员处于传播线性链条上"播出"的环节，事件发生相较于传送稿件、准备稿件、播出稿件和受众收听到信息这些环节都是完成时状态。

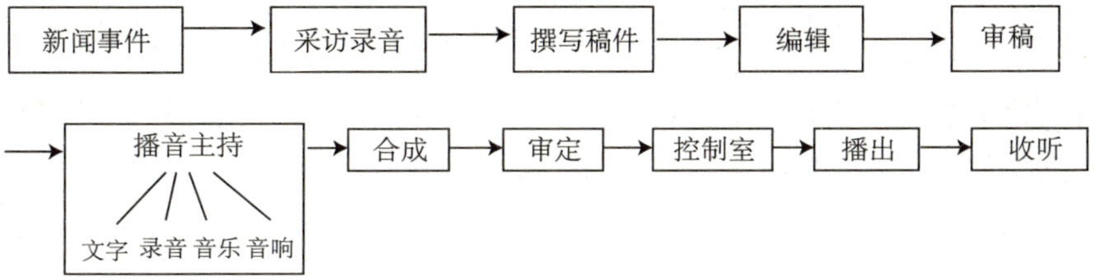

图 1-2　录音广播流程

录音广播阶段，技术手段的发展增加了节目制作的环节，广播质量逐步提高，内容丰富性和可听性也得到增强。但节目的生成过程几经转换，增加了制作的复杂性，也延长了时间周期。事件发生后，记者根据采访的文字记录和音响记录写成文字稿件，经过修改、审核送达播音员手中，再录音合成节目，传达给受众，载体众多、流程漫长，一个环节结束才可能进入下一环节，每个环节都是完成时创作，彼此之间界限清晰，是线性制作流程的体现。因此，后来的录音广播往往应用于时效性不强的节目。

新型直播改变了原有的传播模式，由链状传播转变为网状传播。传播的信源和受众可以位于同一个时间轴上，在数字技术、网络技术、移动通信技术的连接下，他们在听觉上几乎位于同一时间点，在这种直通方式下，播音主持创作具有现在进行时的特征。

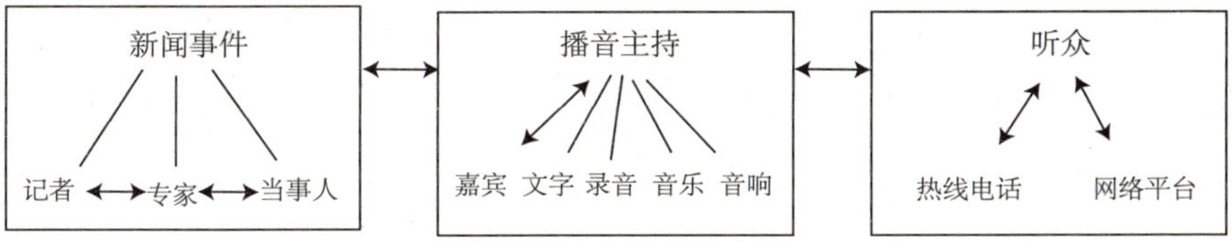

图 1-3　广播新型直播

2. 创作依据

从某种程度上讲，播音主持创作活动的依据和素材决定了其创作空间。早期直播阶段，播音员的创作素材就是编辑送来的文字稿件，依据稿件在话筒前播音，尽管心理上能够依靠个人经验和广义备稿充分调动想象来激发创作，但现实空间局限性较大。录音广播阶段，创作素材中除了已有的文字稿件外，增加了声音素材，包括记者的采访录音、现场的录音实况等，这极大丰富了播音的创作素材，拓展了播音艺术创作的空间。在新型直播阶段，打通了信息的采集和播出之间的重重障碍，实现了共时性传播，播音主持的创作环境大大改善，播音员不仅有声像素材，还有调音台、电脑、电话等设备，能够依据现场声音信息、场外听众的互动信息、播音间内嘉宾提供的信息等多重元素进行综合性的创作。

（二）内部结构

播音主持在广播传播活动中所处的地位以及与其他工种和部门的结构关系相当于播音主持形态的内部结构。纵观历史发展，播音主持创作活动的职能经历了从传输链条上的“重要一环”到组织信息传播的“枢纽”的转变。

在广播早期直播和录音广播阶段，播音员、主持人是从信源到受众的信息传播过程中的“重要一棒”，这种环环相扣的传输模式像是一场接力赛，播音员、主持人直接决定了受众对所传递信息的接受程度。播音主持起着重要的“承前启后”的作用。“承前”指所有记者、编辑、审阅等各个工种付出的工作要靠播音员的“有声语言”来展现。“启后”指播音员、主持人的有声语言创作一经完成，节目的水准基本定型，经过后期工作人员的合成加工，就要作为成品送达受众。因而，播音员、主持人在这个阶段的本职工作就是锤炼有声语言的表现力，提升广播作品的艺术水准。

新型直播中，播音员、主持人集采、编、播于一身，既要主持节目，又要组织各种信息有序播出，播音主持岗位处于越来越重要的地位。

(三)素质要求

在广播传播活动中,播音员、主持人功能的变化必然对其职业素质提出新的要求。

1.语言表达力

广播节目新型直播形态的复杂性和互动性给播音主持的有声语言创作提出了更高的要求。首先,当前的时代性决定了广播有声语言以自然亲和的精粹口语为主要表达样态,在传递信息的过程中还应展现真诚热情、平等温和的风格特性,在交流的语态中完成传达。其次,热线电话参与节目进程,主持人与听众、嘉宾的交谈直接构成大众传播的信源,在口语谈话中更考验播音员、主持人的语言功力,这直接影响到节目的层次和水平。最后,面对诸多信息源,播音员、主持人在播音主持的过程中往往还需要兼顾其他信息,一心多用,语言的运用更要游刃有余,准确得当。

2.信息判断力

广播新型直播形态打通了播音员、主持人与信息之间的阻隔。播音员、主持人一方面直面来自现场、媒体、嘉宾的各种信息,另一方面直面受众的电话、网络等各种互动信息,在这样的局面中组织传播,更要具备快速的信息采集能力,在广播节目中表现为依靠听觉采集信息的能力。播音员、主持人随时随地将听到的信息在头脑中编辑、整理,形成有声语言传播出去,在这个过程中还需要辨别真伪、分清主次、合理编排、预判走向。同时,还要关注电脑页面的互动信息、嘉宾搭档的情绪状态、控制设备的工作状况等。主持人是坐镇节目播出关口的重要一环,不能只简单倾听外来信息,而要充分调动自己的感官,通过观察能力和沟通技巧,还原新闻现场,使受众如临其境。

3.技术操控力

播音员、主持人如果能够很好地利用计算机、互联网来进行编辑,工作会事半功倍;如果不能有效利用媒体资源的管理系统为自己服务,就无法形成个性化信息群。广播媒体可以通过新媒体提供的开放平台获取受众反馈的意见,这为节目和议程设置提供了丰富的素材。美国很多电视节目都通过互联网获取资源。美国广播公司(ABC)播出的 *I caught* 栏目就充分利用网络博客中的资源。主持人搜集网络上点击率较高的视频,确立主题,通过串词让视频彼此联系,反映社会近况。我国电台播音员、主持人也在通过手机短信、互联网论坛、微博收集平民意见、讲述百姓故事、传递互助信息以及解决实际问题。

广播的核心是声音,声音的核心是口语。有学者评价:“广播使人类进入了新的口语传播时代。”新型直播通过现代传播技术的支持,使口语交流可以跨越时空,使广播成为一种具有人文关怀的媒介。文字传播经过人的不断提炼深化,偏重于理性,内涵更深刻;而口语传播偏重感性思维,特别是现场语言,体现了口头语言的生命力。广播节目主持人应当熟练驾驭口头语言,包括现场报道、访谈交流以及熟练掌握各种编播设备的使用方法,做好与听众的心灵沟通。

广播技术条件下的播音主持形态发展经历了广播早期直播、录音广播和新型广播直播三个阶段。早期直播样态分为播音间直播和现场实况广播,具有实验性与示范性、一次性与精确性、实时性与时效性特征。录音广播样态分为录音间广播和录音报道,具有周期性与完整性、丰富性与可感性、艺术性与传承性特征。广播新型直播样态分为直播报道和直播互动谈话,具有直通性与共时性、人际性与可听性、包容性与互动性特征。广播技术条件下播音主持创作活动以有声语言为创作手段,传播模式由早期直播和录音广播的“线性传播”转变为新型直播样态下的“网络化传播”模式;在创作素材由以文字素材为依据发展为以电子信息、嘉宾、听众、电话网络等综合性信息素材为基础;在传播活动中的功能由链条上的“一个环节”变为“枢纽”;在对播音员、主持人的素质要求上体现为提高语言表达力、信息判断力和技术操控力。

第二章　电视技术条件下播音主持形态发展

第一节　电视事业诞生与早期直播

一、电视事业诞生

从广播电视技术发明的进程可以看出，人类对于传送声音和传送图像的实验是同步进行的。随着光电效应的发现，从 1919 年到 1925 年，世界各国的科学家就曾提出 100 多项有关电视机发明权的申请，但是传播图像在技术上要复杂得多。到 20 世纪 30 年代，电视机才正式诞生。电视传播的过程简单来讲就是通过摄像机和话筒把景物反射出来的光线和声源发出来的声音转变为相应的电子信号——视频信号和音频信号，并辅之以其他电子设备所生成的文字等电子信号，通过有线或无线的方式把这些电子信号发射出去，接收时再通过接收工具把音频、视频和其他电子信号还原为图像和声音，供观众收听和收看。[①]

英国科学家约翰·洛吉·贝尔德在 20 世纪 30 年代被称作“电视之父”，

---

① 秦瑜明. 电视传播概论[M]. 北京：北京广播学院出版社，2003：2.

他通过试验解决了用电话线和无线电波远距离传送图像的问题。1936年在英国诞生的第一座电视台,最初使用的就是他发明的设备。电视曾被认为是传播媒体的集大成者,它集声、像、文字于一体,能满足受众视听感官的双重需求。

中国第一座电视台——北京电视台于1958年5月1日开始试播,这是中央电视台的前身。北京电视台创办之初,覆盖面积只有北京一地(半径25公里)。当时的北京市内仅有电视机50余台。10月1日,中国第二座电视台——上海电视台问世。12月20日,哈尔滨电视台(黑龙江电视台前身)也与观众见面。这是中国最早的一批电视台,其出现标志着中国电视事业的诞生。早期中国电视的技术人员向苏联和东欧学习经验,最早的一批"北京"牌电视机就是模仿苏联"旗帜"牌电视机试制的。随着电视事业的发展,电视播音主持形态逐步稳定,这是继广播之后播音主持形态的一次重大变化。播音员、主持人在电视媒体中呈现的创作方式日益多样化并不断发展,出现多种样态。

二、早期电视播音主持样态

直到20世纪50年代末期,所有电视台都只能播出电影和演播室的直播节目。北京电视台成立之初的电视节目是黑白颜色直播的,电视新闻、专题节目等都是先用16毫米摄影机拍成胶片后,再按照传统的电影制作工艺流程在台内进行后期制作与加工。上海电视台与哈尔滨电视台等一批早期的电视台也大抵如此。早期电视播音主持样态有纪录片配音、演播室直播和现场直播。

(一)纪录片配音

早期的电视台还没有自办节目,各方面都处于摸索阶段,主要采用为静态图片和来自电影厂的画面直接配音解说的方式制作节目。这一时期的新闻节目属于“新闻纪录片”时代，播音主持的主要样态有为图片配音、播送简明新闻和口播新闻等。中央新闻纪录电影制片厂的《新闻简报》为电视台长期提供新闻节目，电视新闻基本停留在“画面＋解说”的单一节目形态上。1960 年元旦，北京电视台设立了固定的《电视新闻》专栏，专门播放自拍的新闻片和纪录片。1958 年 5 月 15 日，北京电视台第一次自办新闻节目，播放的是 4 分钟的图片报道《东风牌小轿车》。① 该节目中的图片来自新华社，采用摄像处理的同时配加解说词，这是早期电视的主要表达形式。

(二)演播室直播

1. 新闻节目

播音员在摄像机前直接播出新闻稿件属于演播室直播。早期直播阶段基本是播音员根据稿件直接口播，但往往是一些条件相对不足的地方电视台才靠口播新闻或图片报道支撑新闻节目，条件相对成熟的电视台有时会把口播新闻缩减或删除。1958 年 11 月 2 日，北京电视台《简明新闻》栏目开办，这是一档 5 分钟的口播新闻报道栏目，在晚间节目结束前播出，稿件基本上由中央人民广播电台新闻部提供。由于强调电视新闻的形象性，在北京电视台，口播新闻报道不被重视，经常被取消，甚至长期搁置。但在地方电视台，因为操作简便，口播新闻报道和图片新闻报道往往成为主流。②《全国电视台新闻节目联播》属于典型的新闻演播室口播节目，试办于 1976 年 7 月 1 日，也是《新闻联播》的前身，每晚 19 点播出，所用的新闻由北京电视台记者采编和全国省级电视台航送，均为国内新闻，每次时长 15 分钟。1978 年 1 月 1 日，《新闻联播》正式开播，使用电影胶片直播，每次时长 20 分钟。1978 年 5 月 1 日，北京电视台改名为中央电视台。1980 年 4 月 1 日，中央电视台开始通过国际通信卫星收录世界上两家最大的电视新闻社——英国维斯新

---

① 刘习良. 中国电视史[M]. 北京：中国广播电视出版社，2007：34.

② 孙宝国. 中国电视新闻节目形态研究[M]. 北京：新华出版社，2009：88.

闻社和美英合资的合众独立电视新闻社的国际新闻，并且采用新华社每天专为中央电视台编发的国际要闻简讯，丰富了国际新闻的内容，新闻时效性明显提高。世界上发生的新闻事件，中国电视观众在第二天就能看到。在具备了这一条件之后，中央电视台把原来的《国际新闻》并入《新闻联播》，使《新闻联播》成为包括国内和国际新闻，既有形象报道又有口播新闻的较为充实、完整的新闻节目，每次节目时长增加到30分钟。这种由单纯的口播形式向“口播＋录像资料”形式的过渡，增强了节目的完整性和丰富性。

新闻解说和口播是电视事业初期的主要播音方式，在人员不足、缺乏经验的情况下，通常一位播音员要担负新闻、纪录片、专题片等多个节目的口播、配音、串联工作，工作量比较大。同时，面对摄像机直接播音的方式，相较于广播的早期直播阶段，多了画面信息的传递，电视播音员、主持人的形象、气质等体态语成为信息传递的一部分，影响着传播效果。在电视解说中，播音员、主持人要考虑画面因素，准确对位，不能出错。因而，电视早期直播中的播音主持是以有声语言和体态语共同创作，相较于广播播音主持形态，电视播音主持有了更丰富的创作内容和手段，是播音主持形态的重大发展。

2. 娱乐节目

早期的电视文艺节目和晚会也都采用演播室直播。一些小型文艺节目由电视摄像机录制，稍微大型的文艺活动和晚会还是要借助电影设备拍摄，再由电视台进行直播。起初，电视台经常邀请一些表演团体在演播室表演一些小型文艺节目，来丰富电视节目的内容。北京电视台1958年5月1日开播当天，首先播出了诗朗诵《工厂里来了三个姑娘》《大跃进的号角》，舞蹈《四个小天鹅》《牧童和村姑》《春江花月夜》等，然后是电影。多种艺术门类的舞台表演和电影是早期电视文艺节目播出的主要内容。自办文艺节目和栏目化的综艺节目都是在电视的声、光、电技术逐步提高之后才慢慢出现的。20世纪60年代初期，北京电视台曾经直播了三场《笑的晚会》，虽然规模不大，但成为电视台文艺晚会的雏形，为后来举办《春节联欢晚会》奠定了基础。1978 年春节，中央电视台举办了《迎春晚会》，自此，中央电视台每年春节都举办一场直播的综合性文艺晚会。1983 年，中央电视台首届《春节联欢晚会》在演播室现场直播，设立了节目主持人、开设了热线电话，晚会播出后取得巨大成功。从此，春晚直播拉开序幕，从内容到形式年年都有新变化，春晚主持人也从初期由知名演员担任发展为由中央电视台最具实力的优秀主持人担任，节目影响力越来越大。

（三）现场直播

早期的现场直播主要是实况转播，属于在单一报道点进行记录式的实况录像并同步播出。1958 年，北京电视台使用黑白电视转播车，现场直播中华人民共和国成立 9 周年的天安门阅兵典礼和群众游行。1984 年，在庆祝中华人民共和国成立 35 周年庆祝大会上，中央电视台出动 200 多人，动用 5 辆转播车、14 套微波设备，设置了 23 个拍摄机位，并首次通过印度洋、太平洋、大西洋上空的通信卫星向国外直播，方明在天安门城楼上进行了现场解说。1987 年 10 月，中央电视台对党的十三大开幕式和闭幕式进行了现场直播，这是首次直播中国共产党全国代表大会；1988 年，七届全国人大一次会议和政协七届一次会议，中央电视台首次直播了国家主要领导人的记者招待会，使中国老百姓第一次亲临现场般地感受到国家领导人在中外记者面前侃侃而谈的风采。而两会的直播可以追溯到 1959 年 4 月 18 日，北京电视台实况转播了周恩来总理在第二届全国人民代表大会第一次会议上做《政府工作报告》。

进入 20 世纪 90 年代，在新闻改革大潮推动下，新闻现场直播已经不满足于派驻摄像和记者到现场拍摄实况，进行简单记录了，媒体开始关注事件性新闻的报道。1990 年 4 月 7 日，中央电视台首次将镜头对准航天领域，直播了我国自行研制的“长征三号”运载火箭发射美国休斯飞机公司制造的“亚洲一号”通信卫星。这是我国第一次承担商用卫星的发射任务，在国际上引起强烈反响，中央电视台进行了全程直播。此后，接连进行数次发射直播。这一时期还处于由“记录”向“报道”过渡的时期，主持人、记者在现场进行报道的成分较少，但为后期电视新型直播中的现场报道奠定了重要基础。

三、早期直播的特征

（一）可视性与即时性

如果说广播的直播实现了声音符号的共时传播，那么电视直播的出现则打破了空间的阻隔，实现了声画同步的即时传播。画面是电视传播的一大特色，新闻节目中画面的真实性能够让观众身临其境，看到现场，拉近新闻事件与观众的距离。娱乐节目中画面的艺术性又会带给观众视听双重享受，增强娱乐效果。电视直播的可视性和即时性要求电视工作者在前期策划、画面语言、声画和谐、技术观念、制播同步等各方面不断摸索，积累经验。这些经验为后来电视新型直播的发展奠定了基础。

（二）朴素性与单一性

从节目生成来看，直播是一次性完成的，尤其在早期人员设备还不到位的情况下，很多节目急就成章，难以做到严谨、周密、完美无缺。但是原汁原味、未经雕琢的表达在当时的环境下反而给人以真切、鲜活、生动、有感染力的质朴之美。在创作手段上，电视借鉴了电影艺术、舞台艺术、文学艺术等表达方式摸索创作方法，尽管在声画配合上艺术性不足，在新闻报道中时效性不强，创作方式和手段相对单一，但电视工作者在早期直播中积累了宝贵经验。这是电视事业发展的必经阶段。

（三）被动性与一次性

如果说20世纪90年代回归的电视新型直播是在观念支配下的“主动直

播”，那么 20 世纪 50 年代中国电视的早期直播可以说是在技术条件制约下的“被动直播”。早期电视演播室节目多用电影的方法把拍摄胶片冲洗后用电子扫描播出，节目制作的时间和内容都受到很大制约，播音员的创作也相对被动，需要严格按照文字稿件一次性准确播报。现场直播中，早期的直播是通过摄像和转播车直接将信号传递出去，记录的素材无法修改和重播，也具有一次性特征。

这一时期的电视主要利用声音素材、文字素材和图片素材进行创作。物质条件的局限使早期直播具有被动性和一次性特征。

第二节　电视录播

一、录播设备的发展

（一）录像机的发展与应用

1966 年 1 月，北京电视台开始使用黑白录像机。当时采用的两英寸录像带可以录制和剪接大段节目内容，但还只是简单拼接，不是编辑。新闻、纪录片和游戏节目要先用胶片拍摄，然后在洗印室中冲印，这种工作需要复杂的制作机器和技巧高超的技术人员，还要消耗大量化学药品和材料。

20 世纪 60 年代初，美国各大电视网均已正式使用磁带录像机，而不再使用电视屏幕摄像机了。70 年代，可移动式录像机出现，但当时的手提式摄像机非常沉重，而且结构复杂，需要专门的技术人员来操纵机器。直到 80 年代，电子新闻采集设备（ENG）才投入使用。从此，电视从胶片和化学材料中解放出来，ENG 和卫星新闻采集设备（SNG）被广泛用于新闻和重大事件。借助微波和卫星，新闻实现了全球的即时转播。80 年代，录像机数量继续增长。1/2 英寸卡式磁带录像机(家用录像机)极为热销。低价的摄制编辑设备使许多公司有能力制作内部新闻节目和录像新闻。90 年代初,出现了录像带和视盘。录像机出现后,大多数演播室节目不再用早期直播的方式播出,而改为录制并剪辑后播出,电视节目进入录播时代。

纪录媒介的参与改变了电视播出的形态,由于录像机进入电视领域,悄悄改变了媒介传播的基本格局。

(二)演播室的进步

电视演播室从空间面积看,分为小型、中型和大型演播室。小型演播室通常小于 250 平方米,适合人物不多、场景相对简单(例如抠像)的节目的制作,如新闻播报、球赛解说等;中型演播室一般大于 250 平方米小于 400 平方米,适合访谈、益智类节目的制作,可以容纳少量观众;大型演播室在 400 平方米以上,适合大型综艺晚会和互动节目的制作,可以容纳较多观众。

从节目制作方式上看,电视演播室分为实景演播室和虚拟演播室。实景演播室一般以人工搭建的实景舞台或景片作为拍摄背景,主持人在可视空间进行创作,比较直观,但缺点是不同节目要更换景片,需要制作周期,不太灵活。虚拟演播室是以计算机三维动画“虚拟”出的场景取代道具实景,由计算机软件、主机、摄像机、跟踪器、图形发生器、色键器及音视频切换台构成节目制作系统,现场布景由蓝箱取代,主持人根据前期设计在蓝箱空间里凭借想象完成语言创作。虚拟演播室有时可以达到现实中无法实现的视觉效果,节省人力和空间,但是前期需要大量投入,现场并非所见即所得,给主持人、灯光等工种提出更大挑战。

二、电视录播播音主持主要样态

电视录播是指提前制作好节目的录像带播出。这种录像带既可以是本台新制作的节目、交换得来的节目或作为商品买来的节目,也可以是播出收录的其他广播电台、电视台的节目或重播本台的节目。在录播中，节目播出作为独立环节与节目制作区分开来，因而，播音主持作为制作环节的工作是先于播出完成的，播出就是按照编排好的顺序依次播放录像带的技术性工作。随着录像设备的完善，电视演播室录播节目的质量有了明显的提高，新闻、社教、文艺等各部门纷纷制作录播节目。1980 年 7 月，中央电视台全部节目开始使用录像带录制播出。演播室录播逐渐成为电视播音主持创作的主流形态，其中涉及以下一些主要样态。

(一)演播室录播

1. 口播

录播中的演播室口播是播音员、主持人在演播室面对摄像机根据编辑好的稿件进行录像播音，这是有了录像机以后新闻播音的主要样态。在录播过程中，播音员、主持人通常拥有一定的准备时间。录制过程中如果出现问题可以重录，后期允许对录像素材进行编辑、修改、加工，相对于早期直播而言，录像机的使用大大提升了节目质量。原有的新闻节目开始利用录播进行改版。比如 1981 年 7 月 1 日，《新闻联播》改进编排，将国内新闻电视片、国内口播新闻、通过卫星收录的国际新闻录像以及国际口播新闻混合编排，分为国内新闻和国际新闻两大部分，重新设计版面，取消新闻配乐，口播新闻也尽可能配上照片、地图、影片、幻灯、字幕等资料，同时，开始播报中央气象台发布的天气预报。《新闻联播》逐渐突破“新闻纪录片”的模式，演播室口播的样态节奏感强，富有美感，更有利于信息传播。1986 年，《新闻联播》开辟了《简讯》《报摘》《一句话新闻》等口播栏目。《新闻联播》最早的播音员有李娟、赵忠祥、刘佳、邢质斌等。20 世纪 80 年代初，杜宪、薛飞、张宏民、卢静、罗京、李瑞英作为北京广播学院恢复高考后的前三届毕业生陆续加入《新闻联播》。随着播音员队伍的不断壮大，该栏目逐渐形成端庄大气的播音风格。《新闻联播》作为同类节目的标杆，也带动了地方台新闻播音的进步,新闻演播室口播成为新闻有声语言传播的基本样态。录像技术解决了记录现场画面这个问题,使电视的图像信息更为丰富。在新闻节目中反映真实现场,在文艺节目中传递热烈气氛,契合了电视通过画面传播信息的特性。1987 年 10 月召开的中国共产党第十三次全国代表大会实现了历次党代会从未有过的新闻公开。闭幕后,新当选的中共中央政治局五位常委出席中外记者招待会,中央电视台的新闻实况录像以最快速度剪辑播出,中外反响空前热烈。电视利用录像技术发挥了画面感强的优势,能够更真实地反映新闻现场,这样的报道方式使得电视在新闻界的地位得以大大提升。

口播除了时政消息播报,在娱乐资讯、民生新闻等节目中也被广泛应用。1999 年光线传媒推出《中国娱乐报道》,1999 年中央电视台八套电视剧频道和《影视同期声》同步诞生,至此,娱乐资讯类节目兴起。另外,2000 年光线传媒的《世界娱乐报道》《中国音乐风云榜》《电视剧风云榜》,中央电视台六套的《中国电影报道》、三套的《综艺快报》等一大批节目也都采用口播录像方式。

2. 串联

随着录像技术的应用,电视节目制作的图像素材日益丰富,制作人员对节目的编排意识逐渐形成。根据节目整体编排,录播节目通常采用由播音员、主持人在开头、段落之间以及结尾播读串联词,将节目内容组合在一起的方式。主持人一般根据编排好的素材和稿件提前录制串联语,录制的过程中出现问题可以重录,然后编辑将主持人串联语与节目素材整体编辑合成,形成完整的节目。1979 年 8 月 12 日开始播出的《为您服务》是电视录像兴起早期的重要作品,起初还没有形成固定的理念、技术和人员组织,播出处于不稳定状态。直到 1983 年 1 月 1 日,《为您服务》以固定栏目名称、固定主持人的形式在每周一 19 点 45 分固定播出。这是我国第一个亮相荧屏的电视生活服务类节目,以介绍、普及生活常识为主要内容,还有观众答疑解惑的环节。这一节目深受群众喜爱。

主持人录制串联语再由制作人员合成节目的方式逐渐成为一种固定样态，广泛存在于新闻、社会生活、文娱等电视节目中。

3.谈话

谈话是主持人在演播室中直接面对嘉宾或观众进行谈话，谈话内容就是节目播出的内容。真实谈话是有大纲无脚本的，这类节目具有较强的不确定性，通常录播完成。1980 年 7 月 12 日中央电视台开播的新闻评论节目《观察与思考》中，第一次出现评论员面对嘉宾进行政策解读，这是谈话节目早期的形式。后来，随着社会环境和技术环境的变化，人们的参与意识增强，演播室规模扩大，设备更新，谈话节目逐渐拥有更大的"场合与舞台"。20 世纪 90 年代起，从中央台到地方台兴起一大批电视谈话类节目。最有影响力的是 1996 年中央电视台推出的《实话实说》，主持人崔永元与台上和台下嘉宾互动自如，其乐融融，带动了这类节目的发展。

中央电视台的《艺术人生》、湖南卫视的《背后的故事》、凤凰卫视的《鲁豫有约》等都是这一时期的名牌栏目。谈话的形式除了叙事、讨论外，还有清谈、辩论等多种风格。

谈话节目的录制有特殊性，对技术和各方人员都提出了更高的要求。孙玉胜在《十年：从改变电视的语态开始》中提到，谈话节目的特殊形态决定了它的录制是一次性完成的，之后就只能做减法，或删减或放弃。这样的特征决定了谈话节目比较依赖于主持人对嘉宾和谈话的把控，录制过程一旦完成，事后编辑修改的空间就比较小了。①

主持人在谈话节目现场，不仅要营造氛围、调动情绪、引发共鸣，积极驾驭演播室这个"谈话场"。同时，还要注意利用演播室技术辅助谈话，比如利用大屏幕播放事先录制好的影像资料，借助热线电话、手机短信、网络互动等方式，这也是演播室谈话节目形态进一步发展的结果。

---

① 孙玉胜. 十年：从改变电视的语态开始[M]. 修订版. 北京：人民文学出版社，2012：177.

4. 演播

电视演播这种样态是在早期广播演播有稿播音的基础上增加电视化的表达手段和方式。

(1)真实空间的扩大

演播室口播、串联、谈话几种形式中主持人基本处于相对静止的状态，演播室空间的扩展和电子技术的进步使播音员、主持人从静态走向动态。实景演播厅的空间决定了主持人行为幅度的大小。在早期几十平方米的小型演播室中，播音员难以“施展拳脚”，几乎是固定位置静态播报。随着演播室面积的扩大，主持人拥有了一定的活动空间。到20世纪90年代，中央电视台1,000平方米的9号演播厅是当时最大的演播厅，一直承担着历年《春节联欢晚会》以及大型活动的录制。1997年开始兴建的1号演播厅，使用面积1,600平方米，观众席1,000座，1998年投入使用，成为后来《春节联欢晚会》的录制场地，也承担一些娱乐竞赛、大型互动节目的录制。在中大型实景演播室中，主持人在场上想要兼顾嘉宾、观众、道具等交流点，就需要配合肢体的行为动作。

(2)虚拟空间的开启

虚拟演播室运用计算机技术、视频技术、图形渲染技术、跟踪技术等，在视觉空间上为电视观众营造纵深感，演播室中的创作主体要配合想象中的虚拟空间组织行为活动。1978年，专家提出了“电子布景”(Electro Studio Setting)的概念，指出未来的节目制作可以在只有演员和摄像机的演播室内完成，其余布景和道具都由电子系统制作。时隔30多年，预言已成为现实。我国从1997年左右开始进口一些二维虚拟演播室系统，后来各大电视台逐渐采用三维虚拟演播室系统制作节目。虚拟演播室系统明显提高了节目制作效率，节约了制作成本，在新闻、访谈、娱乐、体育、教育、天气预报等节目中都有应用，在国内迅速普及。

对于播音主持创作而言，二维虚拟演播室主要是演播室背板的变化，对于传播主体的创作没有太大的影响。三维虚拟演播室可以营造与现实生活相仿的立体效果，主持人在三维空间中活动，摄像机也在三维空间中运动拍摄。在这种情况下，主持人必须对整体视觉效果的设计有所把握，使自己的行为动作与场景和运动镜头配合一致，这样生成的三维场景不仅能表现出空间感和真实感，也会产生真实、完美的视觉效果。

近年来，虚拟演播室越来越多地运用在电视节目制作上，并且与新媒体技术结合，形成一些新的模式。中央电视台 2014 年的《两会大数据》和 2015 年国庆推出的"一带一路"特别报道《数说命运共同体》两个节目，尝试在严肃的新闻节目中运用虚拟演播室，再加上对"大数据"的解读，在《新闻联播》《新闻直播间》《朝闻天下》等栏目中播出，给人耳目一新之感，带来巨大反响。我们看到的"时空穿越，精彩画面"，其实是主持人在虚拟演播室完成的。主持人欧阳夏丹在虚拟演播室中不仅要用有声语言讲解新闻信息，同时还要辅以体态、表情、道具来"表演穿越"。多元信息的融合、多层次素材的驾驭、动态信息的传播，对主持人来说是全新的挑战。[①] 当然，我们发现这样制作的新闻本身也变得充满立体感，感染力大大增强使得电视观众沉浸其中，相较于传统电视新闻的表达方式，增加了信息的到达率。随着计算机图形学，传感技术和计算机软件、硬件的进一步发展，相信虚拟技术会给电视带来更多惊喜。

(二)外景主持

随着电视表现手段的丰富，一些综艺节目、社会生活服务节目、新闻专题节目等从演播室内走向室外。1991 年，中央电视台和日本东京广播公司合作拍摄了 12 集大型电视纪录片《望长城》，给观众留下了深刻印象。该片不仅是纪录片拍摄制作上的重要坐标，还是主持人运用上的一大突破。当时，摄制组经过全国招聘考试，主持人焦建成脱颖而出。在历时一年多的时

---

① 见附录 2，欧阳夏丹访谈。

间里，主持人跟随摄制组拍摄，切身感受、体验。长镜头始终跟随主持人，考察长城修建、变迁；介绍长城在中国历史上的作用，对人民物质、精神和自然生态的影响。焦建成绘声绘色、滔滔讲述，用表情和动作带领观众走进古老长城的历史时空中。主持人外景纪实性串联的手法在电视节目主持样态上是一大突破。该片在国内外引起了强烈反响。

中央电视台大型综艺益智类节目《正大综艺》于 1990 年 4 月 21 日开播，“节目演播室＋外景”的样态令人耳目一新。赵忠祥、杨澜作为演播室内的主持人负责组织嘉宾答题；李秀媛、谢佳勋作为外景主持人带领大家在世界各地领略新奇好玩的事物，并给演播室嘉宾出题。演播室内的嘉宾可以通过大屏幕看到外景，电视机前的观众通过录像画面也可以领略到各地风情。外景主持人清新活泼、自然大方的形象给观众留下了深刻的印象，每当画面切向外景时，演播室内的主持人会说：“不看不知道，世界真奇妙！”这成为当时家喻户晓的电视宣传语。的确，“外景”突破了演播室空间，利用电视镜头、画面和主持人带给观众更广阔的天地。此后，外景主持作为一个重要方式越来越普遍地运用在综艺娱乐、社会生活服务等各类节目当中，与演播室内容互为衬托、相得益彰。

随着摄录技术的进步，多机位、隐形摄像机在一些节目中大量应用，使外景节目的制作和主持方式日趋灵活多变。20 世纪 90 年代末期，西方真人秀节目兴起。2000 年，哥伦比亚广播公司(CBS)制作的野外生存类竞技真人秀《幸存者》在美国播出，反响热烈。节目大量采用隐形摄像机在户外拍摄，强化人与自然环境的冲突。主持人与选手在荒岛生存，他的角色时而是体能竞技的裁判，时而是把控进程的组织者，时而又是选手关系的协调者。镜头记录性拍摄选手的生存状态、比赛过程，人性与体能的较量起伏跌宕、扣人心弦。2003 年，中央电视台引进这档节目，在三套播出，虽然没有获得预期的反响，但也收获了一批真人秀追捧者，更重要的是在国际化交流中，电视制作的新理念、新样态和新方式被引入。此后，中国的大型户外节目开始兴起，而外景主持能力也成为主持人的必备之功。节目形态的丰富对外景主持人在体验、演示、运动中讲解表达的语言能力，与周围环境中人物、景物的融合能力等都提出了更高要求。外景节目通过主持人的现场参与和镜头的即时跟进，大大增强了带入感和体验感，使受众全方位感受节目内容，使节目更具可看性。

三、电视录播的特征

(一)灵活性与流通性

录像技术改变了电视传播的时空格局，当磁带录像机应用于电视之后，地方台就不必实时转播电视网的节目，而可以改变时间播放，电视节目实现了表演时间和播出时间的分离。电视录像设备的发展使得电视拍摄的画面作为素材得以保留，这样可以编辑修改，调整播放顺序，使各种素材灵活组合成为完整的节目形态，对于固定栏目的形成具有积极作用。有了录像带这个载体，节目的画面素材、新闻现场的视频资料便可以复制和流通，达到资源共享。20 世纪 80 年代起，中央电视台开始和欧洲、美洲的国际广播电视机构建立新闻交换关系。1984 年，中央电视台参加了亚洲—太平洋广播联盟(简称亚广联)亚洲电视网的新闻交换，并通过厦门电视台接收台湾的《华视新闻》，还在香港派驻记者，与亚广联 A、B、C 区的国家、地区交换新闻，加强对于第三世界国家的报道。其他国家的新闻可以传送到中央电视台，中央电视台的新闻可以传送到地方电视台。以《新闻联播》为首的中央电视台新闻节目成为“消息总汇”。

(二)稳定性与纪实性

录播节目是在前期策划的基础上根据编辑意图实施录制，遇到突发状况可以及时调整录制和播出计划，避免播出事故。在录制和播出之间还有一定的创作时间，一方面可以编辑修改合成，另一方面也可以在录制和后期制作的过程中再次把关，确保安全播出。有了录播以后，电视节目在创意、形态上才有了比较大的发展，一些节目的题材、风格日趋稳定，形成固定栏目。另外，录像机可以长时间记录拍摄运动事物，并加以留存，实现了纪实性创作，促进了这一时期纪录片、专题片的创作发展。

（三）可视性和艺术性

电视直播能够最大限度地满足信息传播的时效性要求，而电视录播更加有条件进行艺术性追求和创作。录播有一定的制作周期，从方案策划、实施录制到编辑合成等各环节都在践行和追求节目的精神主旨和品质，节目的整体感和艺术性能够在制作过程中得到提升。在节目的创作中，工作人员可以对录像素材进行剪辑，用三维动画进行制作，用音响、字幕等手段进行合成……一些时效性不强的节目与现代电视技术相结合，能够呈现更加精彩的视觉效果和艺术空间。

第三节　电视新型直播

一、电视新型直播的出现

早期电视是直播的，随着磁带录像机的发明与应用才逐渐走向录播，但这个局面很快又被打破，电视直播卷土重来。早在 20 世纪 50 年代中期，磁带录像机在西方刚出现时，美国电视界就有一场录播与直播之争。尽管磁带录像机比原来的电影胶片在记录手段上方便很多，但仍无法快速反映新闻事件。有些评论家尖锐地指出，录制播出的电视节目是罐头而不是鲜肉。他们意识到，电视要有自己的特色，必须走与生俱来的直播之路。直播兴起之后，屏幕上总是打着显著的“LIVE”或“直播”字样，时刻提醒观众本台“正在直播”。尤其是时事节目，最需要发挥电视现场同步记录并传播的功能。可见，对于新闻时效性的追求始终是不可违背的传播规律。

在20世纪90年代中后期，中国电视又一次刮起直播风潮。不过“此”直播已非“彼”直播，电视工作者由早期技术条件局限下的“被动直播”回归于新闻意识召唤下的“主动直播”。重新兴起的电视直播经过20年的摸索，如今已经基本形成了一个技术先进、手段多样、人员到位的立体化的新型传播格局，这样的电视新型直播形态在当代大众媒体的新闻信息传播中始终占据重要地位。播音员、主持人在这一形态中需要把握演播室直播和现场直播两种播音主持基本样态。

二、电视新型直播播音主持的主要样态

(一)演播室直播

直播是指节目形成的同时就直接播出的方式。演播室直播是在电视台指定空间进行的，该空间具备一定的技术条件，直播时不受外界因素的干扰和影响，主要有新闻资讯口播、现场直播演播室主持、大型文艺节目演播等几种类型。

1.新闻资讯口播

新闻直播中的口播指播音员拿到编辑整理好的新闻稿件面对摄像机直接播报并同步播出的样态。1993年3月1日，中央电视台第一套节目打破每天只有《早间新闻》《午间新闻》《新闻联播》《晚间新闻》四档新闻节目的传统格局，增加了新闻播出的次数。尤其是1996年1月1日，中央电视台《新闻联播》实现直播，这在业界引起极大反响。随后，其他整点新闻资讯类节目也陆续实现直播。直播提高了新闻时效性，带给受众新鲜的资讯信息，满足了受众了解新闻的心理需求，取得了很好的收视效果。据中央电视台调

查咨询中心的统计，"混编改版期间，收视率提高 1.19 个百分点"[①]。中央电视台新闻频道于 2003 年 5 月 1 日开始试播，7 月 1 日正式开播，最早定位是"以全面化的新闻报道，扩展资讯大视野，强化舆论导向，突出传播党和国家的声音"。2009 年，新闻频道实现全天 24 小时播出，力求准确、迅速地为观众提供第一手的国内国际新闻资讯，全天共 24 档，主要以播音员口播的方式进行滚动、递进、更新式报道，突出时效性和大信息量。口播直播给播音员带来的改变有两方面：一方面是备稿时间的压缩，播音员甚至常常收到稿件来不及准备就直接播出，这就需要广义备稿的能力，把功夫下在平时，提高新闻素养和理解能力；另一方面是播讲状态的改变，录播毕竟不是真正面对观众，错了能重来，心理上容易放松自己，而直播是真正面对观众，每时每刻都有播出压力。同时，直播对于有声语言的规范性、准确性也有更高的要求。

2013 年 2 月 9 日，《新闻联播》首次引入 10 路直播信号，展现祖国各地喜迎新春的场面。直播中的主持人、受众和现场连线中的记者、嘉宾共时存在于一个传播场，同步接收和分享信息，极大地缩短了主持人与受众的心理距离，增强了传播的亲和力和时效性。这也是当下口播的新趋势，主持人要做好各路信息的"组织者"。

2. 现场直播演播室主持

随着新闻改革浪潮的席卷，技术水平的提高，演播室可以与新闻现场实现全面对接，同步报道新闻事件。现场直播演播室主持中，通常是主持人根据所接收到的视频、音频等各种信息对突发新闻事件进行综合性深度报道。现场直播报道是一个系统工程，我国电视媒体的报道水平在大事件中不断提升。首先值得一提的是 1997 年 3 月 9 日，中央电视台播出了由康辉主持的多点现场直播报道《日全食——彗星天象奇观》，开启了直播报道的序幕。

---

① 杨伟光，李东生.《新闻联播》20 年[M]. 北京：生活·读书·新知三联书店，1999：246.

这次节目实现了北京、漠河、昆明、南京四地连线递进直播报道，把当时央视二楼技术支撑用到了极限，并且是第一次加入演播室、主持人、嘉宾、专题片、精彩回放等元素。主持人需要根据前期安排与各个信号端交流，组织信息，但现场不可避免地存在诸多不确定性，这是对主持人临场把控能力的巨大考验。同年，中央电视台对香港回归进行了直播报道，“72 小时直播的观众占有率达 89.9%，以至少高出其他媒介 66 个百分点的优势，无可争议地占据了主体媒介的地位”①。之后，中央电视台大刀阔斧地进行改革，成功制作了中共十五大召开、长江三峡胜利实现大江截流等一系列直播报道，将宏大新闻事件的场景同步呈现在受众面前，取得了良好的传播效果。1997 年也由此被称为中国电视直播年。2003 年 3 月 20 日，中央电视台对伊拉克战争进行了直播报道，影响深远，这是中央电视台第一次大规模直播一场不可预测过程和结果的战争。直播报道的形式后来在一些重大新闻事件的报道中多次使用，逐渐成为常态。在 2008 年汶川大地震的报道中，直播应急能力再次受到考验。震后 32 分钟，中央电视台播出相关新闻；震后 52 分钟，新闻频道推出直播特别节目《关注汶川地震》；当天晚上 22 点，中央电视台综合频道与新闻频道同步并机直播抗震救灾特别报道——《抗震救灾 众志成城》。这次灾难后的应急报道反映出中国电视直播报道日趋成熟。在同年 8 月的北京奥运会期间，中央电视台首次实现 9 套节目、1208 小时无延迟直播。经过一系列突发事件和重大新闻事件的直播经验的积累，各类直播节目的运作日趋职业化、规范化、常态化，音视频延时和备播应急技术处理装备日益完善，进一步提升了直播的稳定性与可靠性。

当前，以数字化为基础的传媒技术的发展，使得信息传播速度加快，多媒体、全媒体演播室越来越普遍，信息资源利用效率大大提高。中央电视台农业频道于 2012 年 11 月开始使用全媒体交互式演播室；湖南卫视于 2013 年 5 月正式启用全媒体交互式演播室。此外，成都、南京、青岛、吉林等多家

① 杨伟光，李东生.《新闻联播》20 年.北京：生活·读书·新知三联书店，1999:262.

电视台启用或优化了演播室全媒体交互功能。全媒体交互式演播室的大量启用,为直播报道中的交互式演播提供了物质条件。新闻演播中的画面信息、文字信息都以电子化、可视化的形式呈现在大屏幕上,主持人可以一边操作屏幕,一边解读、评论新闻信息。演播室外来信号的接入和网络设备的兼容,使节目可以更全面地展示新闻的背景信息和与观众的互动信息。主持人利用新媒体技术拓宽了观众的参与面,实现了演播室资源的全媒体共享。今天的全媒体演播室中,主持人正是将文稿信息、视频信息、网络信息、互动信息有效整合,实时编排,即时播出。新闻演播室由过去单一的信息发布中心转变为信息交汇的枢纽和平台,主持人要做到以下几点:(1)场外引入信息的互动。包括音视频连线、实况视频等。注意适时引入,对于外来信息及时捕捉,将其纳入整个报道进程。(2)场内嘉宾的互动。包括现场的专家、评论员等。注意合理分配话语份额,引导评论向纵深发展,及时用通俗易懂的语言进行解读。(3)整体上组织、整合信息。主持人要将演播室接收到的场外、场内,声音、图像等多层次综合性信息快速整合、提炼,用有声语言进行传播。主持人是这个交互式场域中的把关人和引导者,需要把握、引导主流观点的传播,帮助受众辨别取舍信息。直播报道增强了新闻传播的立体感、现场感、动态性和时效性。

3. 大型文艺节目演播

大型文艺节目演播在大型演播室进行,运用专业的灯光、舞美、摄像等设备进行录制,一般由两位以上主持人负责组织串联现场的表演,整个活动同步直播给观众。典型的大型文艺节目演播活动就是中央电视台历年的《春节联欢晚会》。每年农历除夕,北京时间 20 点在中央电视台综合频道播出,央视中文国际频道、央视英语国际频道、央视西班牙语频道和央视法语频道同步直播,央视网等网络新媒体以及各地方台也进行转播,节目时长一般为 4 个多小时。这档节目收视之高、规模之大、制作之精良堪称世界之最。从 1983 年至今,每年的《春节联欢晚会》(以下简称《春晚》)集中体现了中国电视界、文艺界的最高水准，集技术性和艺术性于一体，成为一种较为稳定的晚会节目形态。大型文艺节目演播规模宏大、结构复杂、时间较长、人员众多，对直播技术提出了更高的要求。因而，每年《春晚》的直播水平几乎可以反映我国电视界大型节目直播的最高水平。在 1998 年之前，《春晚》是在中央电视台 1,000 平方米的 9 号厅直播的；自 1998 年开始，中央电视台新建的 1,600 平方米的 1 号大厅承担起春晚的演播任务。在 2015 年哈文执导的羊年《春晚》中，中央电视台首次使用 9 号厅和 1 号厅进行直播，歌舞类节目使用 1 号厅，语言类节目使用 9 号厅，主持人各有侧重，也可以相互“串门”，演出人员互不干扰，提高了表演效率，但对镜头切换、舞美设计、舞台设置、直播操控的技术都提出了新的挑战。由于场地空间大、观众多、氛围热烈等因素，大型文艺节目演播主持活动具有一定的特殊性，主要表现在：(1)多人搭档，分工协作。大型文艺节目演播通常由两位或两位以上主持人搭档主持，这就需要每位主持人把握好自己在主持团队中的角色定位，“不出圈”“不抢戏”，相互帮衬，共同推进节目。(2)庄重大气，把控全场。大场面活动中交流点复杂，如主持搭档、台上嘉宾、台下嘉宾、观众等。多点交流互动中，主持人需要整体把控时机、进程等多种要素，同时，风格要庄重大气，与大型文艺节目演播的气氛相契合。(3)声情并茂、烘托主题。大型文艺节目通常场面宏大、主题鲜明，主持人的用声既要夸张音高、音强和音量，又不能一味高亢。应当以情带声、声情并茂，才能使语言具有感染力和表现力，以便渲染气氛、烘托主题。

(二)现场直播报道

现场直播报道是指播音员、主持人、记者到达现场，围绕新闻事件、会议、文艺演出、体育赛事等活动的实况采集信息进行的报道。不同节目内容和环境条件对直播的要求不同，但往往都要配备复杂的现场节目制作、控制、播出和信号传送等完整的技术系统。由于直播节目本身就是节目制作过程和播出过程的融合，所以直播工作也是艺术与技术的结合。

早期的电视新闻现场直播多为单一场景或会议的实况转播，将正在进行的新闻现场的声音和图像信息，结合播音员的讲解，通过电视传送给观众。早期的演播室直播通常是先派记者到达新闻现场采集新闻，编辑稿件，经过审核后，由播音员、主持人在演播室按照稿件的内容播出，从制作时间上看，采集新闻在先，播出新闻在后。在新型直播中，节目传输速度大大提高，记者的报道逐步实现了同步播出。1997 年香港回归特别报道、1999 年澳门回归特别报道、2001 年上海 APEC 会议特别报道、2003 年伊拉克战争直播报道、抗击"非典"直播特别报道、中国首次载人航天飞行特别报道等一系列重大事件，中央电视台派出主持人、记者亲临现场，同步报道，积累了大量经验。

以 1998 年和 2003 年的两会为例，记者在人民大会堂外的西北小院进行现场报道，即时介绍选举情况，第一时间同步直播选举结果。2001 年上海 APEC 会议特别报道，中央电视台向前方派遣 465 人，动用大量转播设备，作为东道主，第一次独立承担大型时政性国际活动的转播任务。2001 年 10 月 15 日至 10 月 21 日，多国元首汇聚中国，中央电视台完成了 11 场现场直播，提供了 66 场公用信号。2003 年伊拉克战争直播报道中，中央电视台记者水均益被派驻前方，在报道的时效性、现场感、组织运作等方面给观众留下深刻印象，成为中国电视新闻史上划时代的标志性事件，也是我国新闻媒体第一次全方位、多角度对国际重大突发事件进行的现场报道。2005 年 8 月，"麦莎"台风登陆我国沿海，并影响到内陆地区。中央电视台新闻频道积极协调地方电视台，联合推出《直击台风"麦莎"》系列特别直播节目。中央电视台与浙江台、上海东方卫视、江苏台、山东台、河北台、安徽台、北京台、辽宁台、大连台、青岛台、台州台等 18 个省市地台密切合作，建立了 22 个直播点，共制作了 160 分钟的直播特别节目。

新闻现场报道在摸索中不断前行，相较于早期现场报道已经有了质的飞越，体现出以下几个特点：(1)由单一报道点向多个报道点转变。(2)由单台操作向多台联动转变。(3)由现场记者报道向"主持人＋嘉宾＋记者"综合报道转变。(4)由描述性报道向深度评论性报道转变。

随着制播技术水平的提高，现场、演播室已经几乎能够共时呈现新闻事件进程。记者、主持人在现场采集新闻信息和线索，在直播镜头前用语言和画面报道综合性信息，是如今新闻节目的常态表达方式。

三、电视新型直播的特征

（一）快捷性与融通性

卫星技术、数字技术、网络技术的发展使电视新型直播中信息传输速度大大提高。20 世纪 80 年代，远距离视频资料的共享还要依靠航寄录像带来实现。如今，在网络化条件下，一部手机就能远隔重洋发回视频。2013 年波士顿马拉松爆炸事件，正是中国企业家王石第一时间从现场发回视频消息。网络技术将电视台、记者站、团体、个人联系起来，使所有信息有效融合、汇聚，使共享成为可能。在这样的传播环境中，快捷性和融通性成为电视新型直播的显著特征。

（二）综合性与艺术性

事物走向成熟的标志往往具有综合性特征，电视技术也不例外。电视新型直播不仅能够运用演播室、现场等多重空间，还有主持人、记者、嘉宾共同为新闻报道服务，体现出前所未有的综合性。电视新型直播是一个群体相互配合一次性完成的高水平作品，具有较高的艺术价值。许多经典报道成为新闻史和电视史上的里程碑。

（三）多样性与动态性

早期直播是播音员、主持人直接面对镜头播讲已有的稿件，工作性质比较单一。而新型直播中，播音员、主持人需要参与策划、了解背景、熟悉操作、沟通嘉宾、把控进程、适时评点等，既是最终面对镜头直接表达的语言传播者,又是"一手信息"的"组织者"和"把关人",还是整个节目进程的把控者,从事的是多样性、复合型的工作。另外,与事件同步的新型直播充满不可预见性,使整个工作过程具有动态性,需要播音员、主持人灵活应对。

第四节　技术发展对电视播音主持形态的影响

电视被称为20世纪最伟大的发明之一。录像技术改变了电视的时空和电视媒体的形态,彩色电视、高清晰度电视提高了电视传播的质量和效果,卫星和有线电视扩大了电视的传送范围和节目容量,数字技术给电视传播带来革命性变化。

一、技术进步带来的影响

(一)传播质量提高

1.彩色电视

1958年3月17日,在我国研制出第一台北京牌820型14英寸电子管黑白电视机的同时,人们就开始进行彩色图像的传播试验了。1960年,北京电视台彩色电视试验播出成功,但因当时国家经济困难,播出停止。1970年1月,在全国电视专业会议上,参会人员重新确定要集中力量研制彩色电视。1970年12月26日,国营天津无线电厂研制出我国第一台北京牌彩色电视机,被称为"华夏第一屏"。

1973年5月1日,北京电视台正式宣布试播彩色电视,使用八频道,面向首都观众,每周四次播出,1974年5月改为每日播出。1974年8月1日,上海电视台开始试播彩色电视。10月1日,天津电视台、成都电视台(现四川电视台)也开始试播彩色电视。1974年8月7日,北京电视台的彩色电视节目开始通过京津、京沪微波线路向外地传送，每周一次，后逐步增加。至1975年，北京电视台通过微波向外地传送的节目已由黑白、彩色交替播出改为全部彩色播出。1974年10月1日，北京电视台对外正式宣布彩色电视播出。[①] 1977年，上海电视台第一套节目全部改为彩色电视节目，这标志着中国电视已经从黑白向彩色演变。

20世纪80年代中期以前，我国民众消费能力有限，电视普及率很低。据统计，1958年全国大约只有20台黑白电视机。1985年，我国城市每百户拥有电视机不足20台；农村每百户拥有电视机不足1台。20世纪80年代中期以后，我国提出“四级办广播电视”的方针，全国各地纷纷成立电视台，加上改革开放使人民生活逐渐富裕，看电视已经成为当时中国老百姓日常生活的重要组成部分，彩电日渐普及。1989年，我国出台彩电降价政策，彩电从此进入大众市场。据统计，1993年我国城镇居民彩电的户拥有率超过100%，农村居民彩电的户拥有率也达到近1/3。

随着显像元件的开发应用，电视机屏幕向大屏幕发展。20世纪90年代中期，40英寸以上的大屏幕电视悄然兴起，尤其是2008年北京主办奥运会期间，大屏幕电视成为我国居民的消费热点。

黑白电视由黑、白、灰三色构成，而彩色电视中的所有色彩都可以通过红、绿、蓝三基色调配出来，视觉效果艳丽，较之黑白电视表现力更丰富，更符合人们对外部世界的认知经验和感受，尤其是大屏幕彩色电视能给人造成更大的视觉冲击。彩色电视改进了电视传播质量，提升了电视传播效果。

2. 高清电视

由于电视受成像原理的限制，其在清晰度上远不及电影画面。为了提高电视画面清晰度，各国工程师都投入巨大的精力，陆续在20世纪70年代末80年代初推出电视画面研究成果。1985年9月，在日本筑波市万国博览会入口，

---

① 赵玉明. 中国广播电视通史[M]. 北京：中国传媒大学出版社，2004：319.

一架大如墙壁的电视机正在播放 1984 年奥运会开幕典礼。画面栩栩如生，画中人物毫发毕现，犹如 35 毫米宽银幕电影的效果。自此，日本陆续推出一系列高清电视。1995 年美国后来居上，将数字技术应用于高清电视制式开发和研究。1998 年 11 月 1 日，美国第一批 23 家电视台开始播出高清电视节目。[①]

1999 年 10 月 1 日，中央电视台用高清数字电视对中华人民共和国成立 50 周年国庆阅兵式进行了试验转播。2006 年 1 月 1 日，中央电视台的“高清影视”频道和上海文广新闻传媒集团的“新视觉”高清频道正式播出。2008 年 5 月 1 日，中央电视台“高清综合频道”正式开播，并通过中星 6B 卫星覆盖全国，全国各地可通过地面数字电视进行无线转播、有线数字电视直接入户和直接接受卫星信号等方式收看。中央电视台高清频道的节目有体育、影视剧、专题片、纪录片、综艺娱乐、音乐戏曲、动画片等，全天 24 小时播出。2008 年北京奥运会期间，高清频道与央视奥运频道并机，全程转播了开幕式、闭幕式以及各项赛事。此时，北京电视台“奥运高清”频道也在北京地区正式试播。高清数字电视能兼容标清电视，屏幕宽高比为 16∶9。[②] 高清数字电视的全面应用标志着一个新的电视时代的到来。

（二）传播时效提升

1.有线电视

虽然卫星电视给受众带来了更广阔的视听空间，但直到 1993 年有线电视广泛建立，这个空间才真正存在。20 世纪 80 年代，城镇居民的电视机拥有量提高，一部电视机只能收看几套节目已经不能满足民众需求，有线电视应运而生。1988 年 9 月，广播电影电视部决定在湖北省沙市建立有线电视网，作为全国有线电视的试点工程。该工程 1989 年国庆前开通，可传播 10 套电视节目。1991 年 1 月 21 日，沙市有线广播电视台建立，这是我国正式

---

① 秦瑜明. 电视传播概论[M]. 北京：北京广播学院出版社，2002：12.

② 金文中，李建新. 广播影视科技发展史概略[M]. 北京：中国广播电视出版社，2013：128.

批准的第一家城市有线广播电视台。此后，全国各县级以上城市和大型厂矿企业纷纷组建有线电视网。[①]

有线电视的优点是画面质量清晰、频道多、选择范围大。20 世纪 90 年代以来，有线电视在我国发展迅速，不到十年，全国形成了一个规模宏大、覆盖广泛的有线电视传输网络。1995 年 11 月，中央电视台开播了 4 个卫星—有线电视频道：体育（第五频道）、电影（第六频道）、文艺（第八频道）及少儿、军事、科技、农业（第七频道），其中第五、第六、第八频道是加密收费频道。[②]据统计，到 1997 年年底，经广播电影电视部批准的有线广播电视台已有 1,300家，有线电视用户已达 8,000 万户。2002 年，全国有线电视用户已近 1 亿，入户率约为 28%。有线电视网络在城市基本普及，建设的中心由城市转向农村。在沿海经济发达地区，有 40%的乡镇已经建成了有线电视网。[③]

2. 数字电视

图像、声音和数据的数字化给信息传输方式、媒介格局带来革命性改变，数字电视从根本上改变了电视信号的处理方式。由于数字技术和数据压缩的应用，电视技术进入崭新领域。数字化深入到从有线电视、地面广播到卫星传输的整个电视传输系统，进入从演播室到用户接收的电视传播的各个环节，在节目制作和后期制作中占据着重要地位，给采录、制作、编播、传输等各个环节带来影响。

1995 年，我国开始采用数字压缩设备进行卫星电视的传输。1999 年，中央电视台在中华人民共和国成立 50 周年庆典活动直播中，不仅成功利用高清电视进行了转播，并且从现场转播设备到中心制作系统，从信号传输到节目播出系统，全面采用了数字化技术。

从 20 世纪 80 年代起，我国一些电视台的直播系统开始进行数字化改

---

① 赵玉明. 中国广播电视通史[M]. 北京：中国传媒大学出版社，2004：319.

② 广播电影电视部，《中国广播电视年鉴》编辑委员会. 中国广播电视年鉴 1998[M]. 北京：北京广播学院出版社，1998：43.

③ 吴廷俊. 科技发展与传播革命. 武汉：华中科技大学出版社，2001：150.

造，制作数字电视节目；1996年开始，我国对数字电视的发展进行规划部署。之后，中央和各省级电视台的节目便采用DVB-S标准通过卫星进行传播覆盖，有线网络也采用DVB-C标准传送信号，用户通过机顶盒的形式进行数字化整体平移。2008年，全国基本完成有线数字电视的整体转换，北京奥运会的实况也实现了在全国范围内的数字电视转播。2014年，全国实现数字电视全覆盖。数字技术具有信号质量高、抗干扰能力强的优点，电视系统的全面数字化可以使电视节目质量大大提高。

数字技术使电视朝着即时、双向、交互式的互动传播又迈进了一步。数字电视广播可以将一点对多点的广播扩展为点对点的交互系统，用户可根据个人爱好点播需要的节目和信息。数字技术使电视成为网络媒体的载体，集大众传播、组织传播和人际传播的功能于一身，在向公众提供信息和娱乐方面发生重大变革。

（三）覆盖范围扩大

1. 微波传输

随着国家邮电通信用的微波干线的逐步建成，广播电视开始利用这一网络传送广播电视节目。20世纪50年代初期，人们借鉴有线广播的办法，用电线传输电视节目，这就是最初的有线电视。1964年，北京饭店建成中国第一座电视共用天线系统。1970年10月1日，新疆、青海、宁夏、甘肃、广西和福建六个省、自治区新建电视台或实验电视台，并开始电视广播。至此，全国除西藏自治区外，其他省、自治区都有了电视台。这一年，全国电视台和转播台由1969年的25座发展到70座。位于中枢的北京电视台，节目传送范围也从1969年的天津、河北、山西、陕西4个省扩大到15个省。高山调频电视转播台建成后，电视信号基本覆盖了全国省会、自治区首府和大城市。

继1964年北京、天津两地微波传送电视节目成功后，天津成为全国第一个接收北京电视台节目的地区。1968年10月1日，太原成为第二个转播北京电视台节目的城市。1970年9月15日，北京至西南地区的微波干线开通；10月1日，北京电视台节目传到成都；9月30日，建于海拔1,820米处的黄山电视调频转播台开始向上海、南京、杭州、合肥及庐山传送北京电视台节目。1970年9月30日，北京至广州的微波干线开通。此后，北京电视台的传送范围由1969年前的天津、河北、山西、陕西扩大到湖北、辽宁、河南、山东、湖南、安徽、浙江、江苏、四川、江西、广东，共15个省市。

1971年5月1日，微波干线又增加了上海、广西、贵州、黑龙江、吉林五个省、自治区、直辖市。北京电视台将“五一”焰火晚会的实况通过微波干线传至20个省、自治区、直辖市。

1974年10月1日，中央广播事业局首次租用邮电部微波干线，改变了过去单靠短波传送、效果不佳的状况。此后，微波干线也纳入中央广播传送网，各地记者站可以通过微波与中央电台通话或传递稿件。11月，京沪、京广、京成渝三条微波干线正式投入使用，沿线地区均可接收北京电视台节目。12月底，微波干线经成都、昆明、贵阳直达南宁。据1976年数据，电视广播的全国人口覆盖率已达36%。北京电视台的彩色节目通过微波干线，已到达全国除内蒙古、新疆、西藏和台湾省以外的25个省、自治区、直辖市。①

2. 卫星传播

在卫星传播之前，电视一直使用微波传送，但微波的特性是直线运行的，因此在弧形的地球表面，传播范围十分有限。

在探索信息传播方式的过程中，科学家始终在寻求远距离通讯的途径。1945年，英国科普作家亚瑟·查理斯·克拉克在一份专业杂志上发表了题为《星际转播》的文章，最早提出让卫星悬挂在地球上空的某一点相对静止的位置，成为一座空中转播站，将通讯信号传递到它所覆盖的任何地方去，

① 赵玉明.中国广播电视通史[M].北京：中国广播电视出版社，2004：233.

用三颗这样的卫星覆盖地球表面，就能够形成全球性的通讯网。这就是卫星传播的思想。这篇文章当时仅为他挣得 40 美金稿费，但创造了无与伦比的社会财富，克拉克因此被称为“通讯卫星之父”。十几年后，他的构想变成现实。[①]

1980 年 4 月 1 日，中央电视台国际新闻材料的两个主要来源——维斯新闻社和合众国际社——同时改航寄影片和录像带为通过卫星从伦敦和纽约分别向北京传送新闻录像，从而使国际新闻的时效性大大提高。几年中，许多突发事件，如埃吉总统萨达特、印度总理英迪拉·甘地先后遇刺，美国航天飞机“挑战者”号升空失事，电视观众都能先于报纸读者获知，并看到栩栩如生的现场。1980 年 5 月，《国际新闻》并入《新闻联播》。1981 年 9 月 27 日，我国第一次举行了有中、朝、日、美等 10 个国家 70 多名选手参加的国际马拉松邀请赛。中央电视台对北京地区转播了这次比赛实况，还与日本东京广播公司(TBS)合作，将当天的实况转播通过卫星传送到日本，由 TBS 电视网向日本全国播出。[②]

1985 年，我国租用国际通讯卫星传送广播电视节目。1993 年，我国开辟了 11 条电视卫星通道，包括 12 套电视节目和 30 套广播节目。卫星电视地面站从 1986 年的 1,599 座发展到 1993 年的 54,084 座，节目覆盖率和传送质量都得到很大提高。[③] 最初，中央电视台负责向全国传送广播电视节目，各省级电视台负责向本省观众提供广播电视节目，但由于一些地方地形复杂，覆盖有困难，因此省级电视台也开始通过卫星传送节目，有效地扩大了本省范围内的覆盖。省级电视台陆续上星，打破了广播电视传播的地域限制。另外，20 世纪 90 年代，有线电视以空前迅猛的速度发展起来，卫星电

---

① 郭镇之. 电视传播史[M]. 北京：北京师范大学出版社，2000：69.

② 王枫. 1981 年北京国际马拉松赛的实况转播和卫星传送[J]. 广播与电视技术，1982(2)：1-8.

③ 刘习良. 九十年代广播电视的新发展向节目主持人提出的新要求——在广播电视“百优双十佳”节目主持人金话筒奖观摩研讨会上的发言[M]//中国广播电视年鉴编辑委员会. 中国广播电视年鉴 1995. 北京：北京广播学院出版社，1995：61.

视节目通过有线电视的传播大大地扩大了覆盖面，越来越多的省级电视台开播卫视频道，面向全国播出。1992 年 10 月，中央电视台第四套节目成为全国第一个国际卫星电视频道，覆盖 80 多个国家和地区；1996 年，中央电视台全部节目已能通过卫星传播覆盖全国；1999 年，全国已有约 30 个省级电视台采用卫星传送节目。上星频道越来越多，打破了中央电视台一家面向全国播出的局面，使国内电视节目的竞争态势愈加明显，各电视台都努力制作观众喜爱的节目，以获得较高的收视率。当然，各地方台制作能力参差不齐，节目质量、创作水平有较大差距，湖南、江苏、浙江逐渐发展成为省级电视台中的佼佼者。

1991 年 9 月 1 日，《新闻联播》通过国际卫星频道走向世界，覆盖全球。中共中央国务院于 1992 年 6 月发布《关于加快发展第三产业的决定》，把广播电视列入第三产业，同时指出要重视广播在国内外的特殊作用和地位；也提出了“坚持统一规划，采取卫星、有线、无线综合覆盖，采取广播电视共星传输、共站接收，扩大覆盖面，实现广播电视事业的协调发展”的技术政策。

2008 年 6 月 9 日，我国“中星 9 号”卫星成功发射，其服务范围覆盖了我国的全部国土。它具有传输 150 套—200 套标清和高清电视节目的能力，用户可用直径 0.45 米—0.6 米的小型天线直接接收广播电视节目。“中星 9 号”直播卫星是我国第一颗以直播业务为主的通信卫星，投入使用后，首先用于广播电视“村村通工程”，从根本上解决了边远地区群众收听、收看广播电视难的问题。

3.网络化传播

多媒体技术能同时处理声音、文字、影像等多种信息，增加了信息的生动性、多维性和多样性。另外，与互联网结合起来产生的网络多媒体技术，为数字化电视的全球传播创造了有利条件。目前，我国地区级以上的电视台都建立了自己的网站，人们使用终端设备就能收看这些电视台的节目。有些台还实现了互动和点播，这些都有效地扩大了广播电视的覆盖和服务范围。

从电视覆盖的角度讲，我国已形成“天上一颗星、地上四张网”的格局。“天上一颗星”指直播卫星，“地上四张网”指无线转播覆盖网、微波传输网、光缆电缆传输网和互联网。据有关部门统计，截至2008年，我国电视综合人口覆盖率接近97%。①

到2010年年底，我国广播电视台内数字化、网络化水平大幅提高；有线广播电视网络得到长足发展；有线电视数字化取得突破性进展；三网融合试点工作积极稳妥推进；卫星广播电视传输能力不断增强；新媒体发展迅速；国际传播能力实现跨越式发展。②

二、电视播音主持形态变化

(一)外部样态

1.创作样式的变化

如图2-1所示，电视早期直播在工作流程上延续了广播的方式，播音员只能依据图片和文字稿件创作。经过采、写、编、审，新闻稿件才能传递到播音员手中。此时，电视播音员与观众实现了“面对面”的交流。

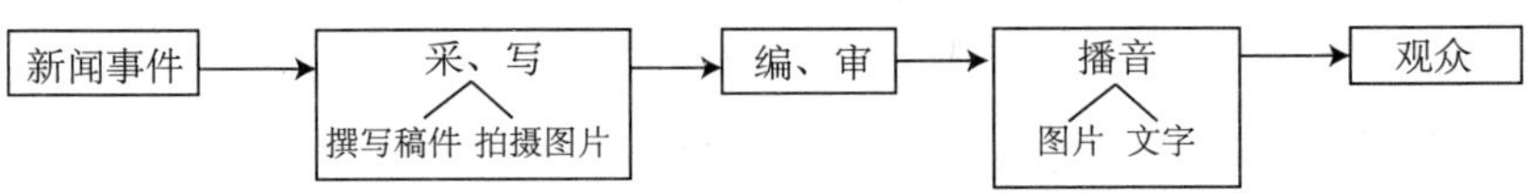

图2-1 电视早期直播

如图2-2所示，在电视新闻节目录制过程中，前方记者采访拍摄新闻素材，编辑撰稿、审稿，播音员依据审定的稿件和图像素材播音，后期还要经过合成、审定等若干程序，直至送到播出线播出，才会与观众见面。这个漫长

① 金文中，李建新.广播影视科技发展史概略[M].北京：中国广播电视出版社，2013：175.

② 张海涛.张海涛在全国广播影视科技工作会议上的讲话[J].广播与电视技术，2011(3)：26.

的流程对于新闻节目来说，优势是保证了节目的安全、完整，对内容可以修改、编辑，劣势是大大降低了新闻的时效性。

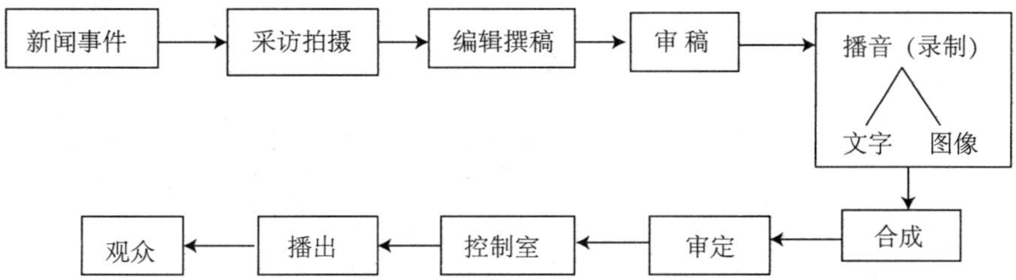

图 2-2　录像播出(新闻节目)

如图 2-3 所示，在娱乐节目或专题节目中，制作往往需要一定的周期。从选题策划到前期准备，主持人都应该参与其中，真正的播音主持有声语言创作是在演播室或现场拍摄录像的环节。这类节目形态相对丰富，主持人可依据的素材也相对较多，比如演播现场嘉宾、观众的反馈，LED 大屏幕播放的录像小片等。

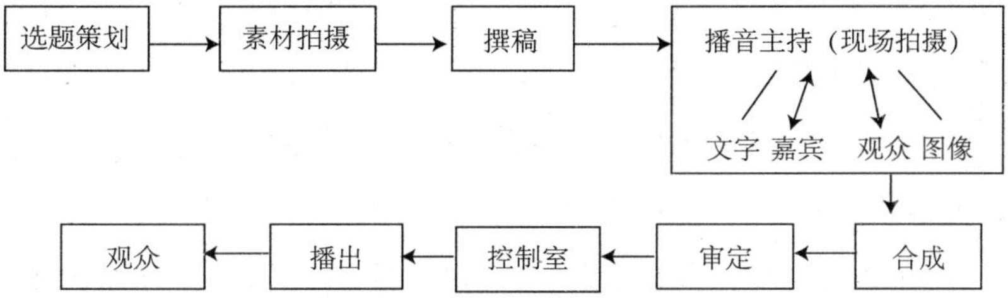

图 2-3　录像播出(非新闻节目)

如图 2-4 所示，在电视新型直播中，主持人的创作素材从文字、图像拓展到电子多媒体动态信息，主持人能够与演播室外的新闻现场的记者和受众实时互动。由于技术进步带来信息交互速度提升、信息容量增大、发布频次增多，直播节目更加注重内容的更新速度，主持人需要处理与各个信息源的互动关系，多渠道、多手段、多角度地组织信息传播。

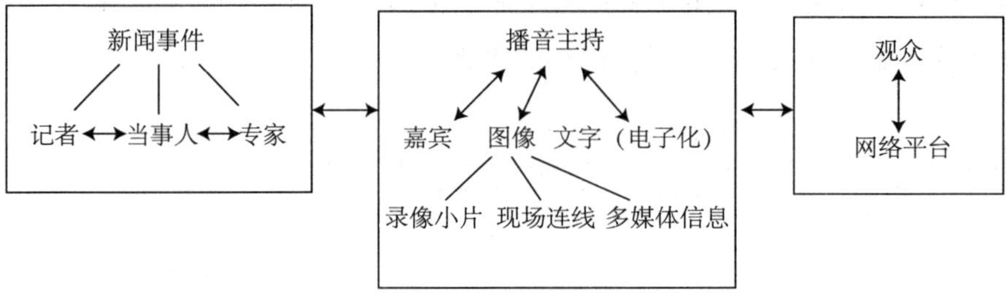

图 2-4　电视新型直播

电视节目内容的制播流程经历了整合与重构。在早期电视直播和录播阶段，采集、编辑、播出、合成等各环节依次进行，分工明确。主持人负责播读稿件，进行录像，然后交后期编辑。新型直播中，随着数字化、网络化技术的运用，过去的线性流程转变为在一个信息操作平台上多种媒体资源按需输出，主持人就是平台上的操作者和把控者。

在电视中，声音和画面共同传递信息，播音员、主持人的形象成为创作活动的重要组成部分。20 世纪 50 年代至 70 年代，我国还处于黑白电视阶段，常见的是图像清晰度不高的 9 寸显像管电视机，只能辨认出播音员、主持人的形象轮廓，看不到细致的妆容和服装的颜色。这时播音员、主持人的化妆理念主要来源于戏剧表演，使用油彩，妆面浓重，头发做出像电影明星一样的造型，服装面料考究。从整体上看，播音员、主持人比较注重形象，但遗憾的是观众从电视上看不出细节。20 世纪 80 年代，彩色电视兴起，播音员、主持人的屏幕形象鲜活起来。主持人更加注意服装、发型、化妆等，尤其注意变换服装款式，但不太讲究面料。演播室没有冷光源，导致播音员播音时汗流浃背，有时会影响播出效果。20 世纪 80 年代中期到 90 年代，中央电视台聘请化妆师给播音员化妆造型，尤其是化妆师徐晶引进一些日本的造型理念，使播音主持化妆造型走向细致自然，但仍处于摸索阶段。[①] 20 世纪 90

① 卢静访谈录，见附录 2。

年代后期，电视机生产质量提高，液晶电视、等离子电视等彩色电视机日渐普及，播音员、主持人对形象有了更高的要求，电视台成立化妆部门，由专人为主持人化妆造型。进入21世纪，随着高清电视的普及、图像分辨率的提高，主持人在形象造型上更加细致。

2.创作空间的拓展

（1）素材空间

播音主持创作素材初期以文字稿件为主，后来增加了画面、音响、音乐等音视频素材，如今又增加了卫星视频连线、多媒体互动信息等电子素材，从静态到动态、从单一到综合，加大了创作主体想象和利用的空间。

（2）现实空间

在新闻演播室节目里，逐步形成由主持人、嘉宾、评论员、多媒体信息等各要素并存的综合演播环境。在全息化、多角度、多景区的一体化综合播报中，一档新闻节目可以使用多个景区，由多位主持人分别主持。空间的扩大和机位的变化使得主持人可以根据内容和交流的需要在各景区之间变换位置与姿态，主持人之间的交流形成了新的互动。这加大了主持人的活动空间，增加了观众视觉上的新鲜感。在娱乐节目当中，随着大型互动节目形态的发展，演播室空间面积日益增大。另外，户外节目类型的丰富和拍摄技术的进步，使播音主持创作的现实空间不断拓展。

（3）虚拟空间

虚拟技术以视觉带动心理，使观众与传播主体融合在一个情境中。主持人在创作中不仅要考虑到虚拟受众，还要对规定情境中景物的空间位置和人物的传受关系有所设计。这种设计越细致、越丰富，语言传播的表现力就会越强，对受众的带入感也越强。

（二）内部结构

在早期直播和录播阶段，播音员、主持人是线性播出链条上的一个环节，以准确、生动地将文字素材转化成有声语言表达为主要任务，采、编、播、录、控各个工种分工明确、界限清晰。

数字化网络技术支持下的新型电视直播改变了传统的线性传播方式，主持人在传播模式中不再是链条上的一个相对独立的环节，而是信息场域中的枢纽，既要组织信息，又要传播信息。新型电视直播拓展了主持人的创作空间。

1. 主旨执行者

在新闻、娱乐、社会生活等各类节目中，主持人创作活动直接体现节目的定位主旨、文化品格和精神内涵，承担着直接表达团队创作意图的职责。同时，主持人对节目策划、录制等其他环节的参与，又增强了其对主旨的执行力。

2. 现场组织者

无论是演播室内节目还是演播室外节目，直播节目还是录播节目，只要开始录制，主持人就是现场组织者、话语权的把控者。主持人必须有效组织各方元素和信息，并做到衔接流畅、串联自如、点评到位、导向准确。

3. 信息传播者

主持人是信息的传播者，是信息与观众之间的桥梁。传播质量的好坏、传播效果的优劣，与主持人的传播能力息息相关。电视节目主持人要声形俱佳、内外兼修，以人格魅力打动观众。他们是节目品牌化的标志，是节目收视率和生命力的重要保证。

（三）素质要求

1. 语言转化力

有声语言的生成依赖于大脑对文字符号、声音符号、视觉符号的处理和转化。语言转化力就是主持人准确快速地将信息符号转化成贴切流畅的有声语言的能力。主持人通过电视画面将信息传达给受众，必须摒弃有稿播音的生硬痕迹，还原人际传播的语感和状态，做到真实自然。

比如在新闻节目演播室直播报道中，主持人通常掌握“提纲＋资料＋现场信息”等创作素材，在多层次、多角度、多渠道、多形式的信息整合编辑中形成观点，进行有声语言表达。整合的观点与有声语言表达之间只有高效的转化力作为支撑，才能“言而由衷”。如果出现想法超前、语言滞后、词不达意的状况，就会影响传播效果。因而，主持人一方面要练“内功”，熟悉节目框架和每条新闻信息，增强驾驭感和编排意识。关注实况转播，通过与嘉宾互动、组织串联，适时引入各路信号，随时根据连线报道的情况作出判断和点评。另一方面要练“外功”，即多种语言样态的驾驭和呈现。信息呈现方式的多元化必然带来语言的丰富性和多样化。连线、解读、串联、点评、谈话……主持人要在多种话语样式之间自如切换、游刃有余。此外，在综艺娱乐和社会生活服务类节目中的现场报道，同样需要主持人灵活机智，即兴根据现场状况在语言上作出反应。正如张颂论述的“语言功力包括观察力、理解力、思辨力、感受力、表现力、调控力、鉴赏力。语言主体的创作觉悟、语言主体的创作态度、科学的创作观念、正确的创作道路、用气发声、吐字归音、思想感情的运动状态、思想感情的表现方法、语言表达的基本规律、艺术个性的风格特征……都汇聚其中，概莫能外”①。

2. 空间想象力

在电视播音主持创作活动中，播音员、主持人只有对现实空间中的文字、音响、画面、道具、现场等创作素材要具有敏感、丰富、细致的内在想象力，将有限的素材化作语言表达的内在依据，最大限度地调动内心体验和感受，才能凝聚成强烈的创作热情和动机，生成精准、形象、高效、流畅的有声语言。对其他时空元素的引入对接也应具有一定的想象力，比如多点视频

① 张颂. 语言启蒙行动宣言[J]. 现代传播，2001(6)：55.

连线的处理就需要主持人迅速感知其他空间的信息，与自己所处的演播室环境自然对接，完美呈现。

在虚拟演播中，主持人在无实物的情况下，要充分理解电视画面的设计意图。在体态语上，主持人需要对道具的视觉效果有充分、具体的想象，结合动画模型的位置高度来设计自己的站位、走位和动作，在时间配合上准确到位，在空间呈现上流畅自然。主持人要对新闻信息高度消化并全面理解，形成自己的语言逻辑，让口语化演播一气呵成。

3. 多维传播力

电视用视频技术和音频技术传播静态的文字和动态的画面。电视播音员、主持人需要驾驭音频、视频等多维信息，并将其转化为有声语言。

电视技术条件下的播音主持形态经历了早期电视直播、电视录播和电视新型直播几种形态的发展变化。早期电视直播的主要样态分为纪录片解说、演播室直播和现场直播，具有可视性与即时性、朴素性与单一性、被动性与一次性特征；电视录播的主要样态分为演播室录播和外景主持，具有灵活性与流通性、稳定性与纪实性、可视性与艺术性特征；电视新型直播的主要样态分为演播室直播和现场报道，具有快捷性与融通性、综合性与艺术性、多样性与动态性特征。电视技术条件下，播音员、主持人以有声语言和体态语进行创作，在节目制作流程上经历了从早期电视直播和录播阶段的采集、编辑、播出、合成等各环节依次进行到集中多种媒体资源根据用户特点按需输出、立体化播出的整合与重构；在电视声音和画面共同传递信息的前提下，播音员、主持人的形象成为创作活动的重要组成部分；在新媒体技术支持下，创作的素材空间、现实空间和虚拟空间也不断拓展。主持人作为播出平台上的主旨执行者、现场组织者和信息传播者，需要具备语言转化力、空间想象力和多维传播力。

第三章　互联网技术条件下播音主持形态发展

第一节　互联网技术发展与网络节目出现

随着计算机技术、光纤通信技术和数字技术的发展，信息高速公路、网络多媒体陆续出现。作为继报刊、广播、电视三类媒体之后的所谓第四媒体，互联网被认为是媒介进化史上新的里程碑。人们将前三种媒体称为传统媒体，而把互联网称为新媒体。这种新媒体是当代高新技术发展的结晶，具有数字化和交互性的特征。

中国互联网起始于 1986 年北京市计算机应用技术研究所与德国卡尔斯鲁厄大学（University of Karlsruhe）合作实施的中国学术网（Chinese Academic Network，CANET）国际联网项目。1987 年 9 月，CANET 正式建成中国第一个国际互联网电子邮件节点，并于 9 月 20 日发出了中国第一封电子邮件："Across the Great Wall we can reach every corner in the world.（越过长城，走向世界）"揭开了中国使用互联网的序幕。①

中国 1994 年正式联入互联网，1995 年出现互联网商用服务，从起步到普及发展迅速。据统计，1995 年年底，我国上网人数不到 6，000 人。1996 年

---

① 李良荣. 网络与新媒体概论[M]. 北京：高等教育出版社，2014：14.

年底，发展到约20万人（全球互联网用户数约为4,000万）。1997年年底，上网人数为67万。1998年，在“政府上网”的带动下，上网人数猛增至210万。1999年，在“企业上网”的带动下，达到890万（全球互联网用户数约为2.59亿）。2000年，“百姓上网”工程启动，我国上网人数突破3,000万大关。2008年，全球网民数量超过15亿，中国网民数量达2.5亿，首次超越美国，位居全球第一。《第37次中国互联网络发展状况统计报告》显示，截至2015年12月，中国网民规模达6.88亿，全年共新增网民3,951万人，互联网普及率为50.3%，较2014年提升了2.4个百分点。[①] 互联网自20世纪90年代中期商业化运作后，在全球得到迅速发展和空前普及。到2001年，除个别国家（如朝鲜）外，世界上几乎所有国家和地区均已接入互联网，使用人口多达4亿。[②] 互联网的新闻信息传播功能和媒介特性日益被发掘。正像报刊、广播、电视传媒一样，互联网已成为今天重要的传媒形态，并成为人类生活不可或缺的一部分。

一、广播向网络延伸

当广播和电视完成数字化改造之后，与网络实现全面对接，出现了网络广播和网络电视。网络广播电视是指采用IP协议、通过公共互联网、面向计算机终端传播的音视频业务，业务形态主要包括网络广播、网络电视、播客等。中央人民广播电台、中国国际广播电台等也陆续推出网络广播。网络广播节目与传统广播节目形式相比变化不大，只是播出方式由录播、直播模式发展为点播模式。

20世纪90年代后期，随着数字音视频压缩技术的发展，多种节目进入网上直播阶段。中国互联网络信息中心（CNNIC）的调查数据显示，1997年

---

① 中国互联网络信息中心.第37次中国互联网络发展状况统计报告[R/OL].(2016-01-22)[2017-04-29].http://www.cnnic.cn/hlwfzyj/hlwxzbg/201601/P020160122469130059846.pdf.

② 朱强.新媒体技术概论[M].杭州:浙江大学出版社,2008:279.

10月，我国互联网国际出口带宽为26M，1999年达到241M，2001年达到5,724M。带宽资源的发展使得音视频传输更加流畅，为网络音视频节目的繁荣创造了条件。

1996年12月15日，广州珠江经济广播电台开通网上实时广播，成为第一家实现网上实时广播的电台。电台确立“听众是广播主人”的意识，运用“主持人中心制”将节目划分为大版块、小节目，并向可视性、即时性、短小性发展，这些传统广播向网络发展的有益探索不仅打造了周郁、李一萍、嘉欣、黄海等一批知名主持人，推出了《珠江晨曲》《朝朝新节拍》《午间快语》《莺歌夜话》等名牌栏目，也满足了网络时代人们碎片化的收听需求，取得了良好效果。主持人在网络化传播中依靠人格魅力吸引、聚集受众，形成以自身为核心的网络社群关系。

随后，上海广播电台、东方广播电台等也建立自己的网站。面对“广播”变“窄播”的趋势，一些广播网站的服务对象也锁定特定的用户群。如中央人民广播电台文艺调频与“中国文娱网”合办了“中国歌曲榜”，以MP3格式提供上榜流行歌曲。网络传播的互逆性、多通道、平等性、选择性等特点使得主持人和听众成为传播者和用户的关系，听众的主动性大大提高。

网络广播突破了传统广播顺序播放、稍纵即逝的局限性，在网络化模式下实现了反复点播。网络广播与手机等移动媒体相连接，使听众可以非常方便地通过短信、电话、QQ等方式与主持人交流互动。网络广播可以吸纳互联网的潜在用户，并且在收听方式上由线性收听转变为非线性收听，由单向被动收听转变为双向互动收听。例如，听众可以利用手机，在移动状态下随时随地与主持人互动，发表自己的感受。这种简便的参与方式提高了听众的参与热情，拓展了听众群体。

二、电视向网络延伸

20世纪90年代，发达国家的电视机构纷纷“抢滩”互联网。如1995年8

月 30 日，美国有线电视新闻网（CNN）建立网站；1997 年 5 月 15 日，美国广播公司（ABC）建立网站。这些网站充分发挥“信息总汇”和“信息枢纽”的优势，在技术和内容上下功夫，发展迅速。美国全国广播公司（NBC）与微软公司结盟，成立微软一全国广播有线电视公司（MSNBC）。1996 年 7 月，MSNBC建立网站，全天 24 小时有线新闻频道正式开播。网络的无限空间为新闻记者提供了用之不竭的“新闻版面”。

1996 年，中央电视台首次利用互联网对《春节联欢晚会》进行宣传报道。在网页中特设虎年贺岁专辑，在页面上有文字介绍、图片信息、精彩花絮等，总时长 23 分钟。在晚会直播时，电视屏幕上还不时打出网址和电子邮箱。后来，中央电视台的一些著名栏目，如《东方之子》《实话实说》等，也与国内网络公司合作，将栏目放在网上。1998 年夏季，法国举行第 16 届世界杯足球赛，中央电视台通过互联网对比赛进行了现场转播。

20 世纪 90 年代后期，我国广播电视网络传播悄然兴起。1996 年，中央电视台网站建立，这是国内最早成立的提供中文信息服务的著名网站之一。2000 年 12 月 20 日，该网站正式命名为“央视国际”。中央人民广播电台网站于 1998 年 8 月开通。2000 年 9 月，中央人民广播电台网站注册了“中国广播网”“中央新闻网”和“中广在线”三个站点名称。中国国际广播电台网站于 1998 年 12 月 26 日正式开通，实现了汉语普通话、广州话、英语、德语和西班牙语五种广播节目文字和声音的在线阅读和收听。在地方台中，广东珠江经济广播电台于 1996 年 12 月 15 日开通了网上实时广播。

网络等新媒体逐渐成为电视节目新的播出平台。2010 年，英国电视五台与社交网站 Facebook 合作推出 VOD 视频点播服务“Demand Five”，用户可通过 VOD 登录收看视频节目。这是第一家在 Facebook 播出长视频的电视台，观众随时随地都能收看其电视内容，引起业内高度关注。HBO 为谷歌视频（Google TV）提供 600 小时节目，用户可通过电脑、手机或任何能上网的设备收看 HBO 的节目。用户还可通过谷歌搜索查找节目，任意设置节目单，检索与节目内容相关的背景资料和演职员信息，同时，在收看节目时可与好友交流、分享视频片段。这不仅符合年轻观众的收视习惯，还提升了用户体验。

以前人们只能在电视上通过有线网络或者无线电波收看电视节目，现在许多电视机增加了网络接口，使得人们可以通过电视浏览网站、观看网络视频。随着移动终端的种类不断丰富，便携性、操作性不断加强，加之网络覆盖率的提高，人们可以通过手机、平板电脑等随时随地收看或者录制音视频节目，并及时上传网络进行共享。

三、独立网络节目

(一)网络电台、电视台的形成

21 世纪初的几年，受网络传播技术的限制，网络视频只能作为一种小窗口的形态呈现，没有太多的实用价值，尝试网络视频的主要是门户网站和传统的电视媒体。同一时期，网络音乐因占用资源少，得到很好的发展，2003 年前后出现了网络电台。从 2005 年开始，CDN、P2P 技术逐渐走向成熟。另外，随着美国 YouTube 视频网站成功模式的驱动，国内企业纷纷设立商业性的视频网站，网络视频进入快速发展期。目前在国内外证券交易所上市的优酷、酷 6 等视频网站都是这一时期的产物。

网络视频基本是媒体网站、门户网站、商业垂直网站三分天下。在媒体类网站中，央视网拥有内容资源上的强大优势，整体影响力在媒体类网站中处于主导地位；国际在线拥有国内乃至世界上语种最多的网络电台；中国广播网是国内处于领先地位的广播网站；北京、上海、湖南、安徽、江苏、浙江、山东、山西等地的广播网站或电视网站也很有特色。从 2009 年开始，央视网、国际在线、中国广播网、安徽电视网等媒体网站开始向网络广播电视台转型。在视频网站中，优酷、土豆拥有明显优势，酷 6、迅雷看看、56 网保持同行领先地位。

在网络视频的内容选择方面，CNNIC 发布的《2010 中国网民网络视频应用研究报告》显示，新闻、资讯、时事类的视频节目在 2010 年观看用户比例达 74.5%，继电影、电视剧之后位列第三；电视直播类节目受欢迎程度位居第四，收看比例达 67.8%。

(二)网络自办节目出现

2000 年 8 月 10 日，中国第一家网络电视台——中国虹桥网正式开通。观众在视频窗口收看节目的同时还可以在聊天室中留言，表达观点、进行提问、参与互动，主持人会筛选典型问题与嘉宾和观众展开讨论。节目采用直播方式，同时还设有“精彩回放”，观众可以在其他时间随意点播。虹桥网的节目运用了网络的交互性特征，在实时传播中引入观众互动，并随时反映在节目内容中，增强了观众的参与感。同一时期，网络聊天室中出现一大批主持人，为网络节目主持人创作奠定了基础。

四、独立网络电台

广播网站拥有丰富的信息资源和传播优势，具有跨媒体、跨行业合作空间。2004 年，国际在线中文网设置网络电台部，独立招聘主持人，开辟了 BBS 讨论区，成为第一批脱离无线广播而独立制作在线广播节目的网站。此后，北京广播网与北京团市委合作开办的纯公益性网络电台——青檬网络电台于 2005 年 12 月 20 日开通。青檬网络电台以首都大学生为收听对象，以“娱乐青年、引领青年”为目标，通过全新的节目形态为青少年成长营造良好的网络环境。2006 年 6 月，中国国际广播电台联合多家单位发起的在线广播联盟创建了音频网站——听世界网。其中的听世界网络电台有多个原创电台栏目。比如，阿楠主持的以热门话题为主要内容的《听天下》，若然主持的点歌类节目《声音传情》，阑世主持的《广播剧时间》以及相萌主持的《网络小说连连看》等。

互联网在信息传播方面具有媒体的性质和独有的优势，越来越多的人会通过互联网关注重大新闻突发事件的发展。

第二节　网络节目主持的主要样态

一、脱口秀

脱口秀的起源可以追溯到18世纪英格兰地区的咖啡吧集会，在集会上人们讨论各种社会问题。然而，脱口秀真正得到发展是在美国。1926年，脱口秀诞生于美国荧屏。20世纪初，随着广播的产生以及人们对公共集会的热衷，越来越多的人通过广播这一媒介进行讨论，这也催化了脱口秀的诞生。中央电视台1996年推出的《实话实说》是向脱口秀风格迈进的尝试，但由于媒体属性和大众审美的差异，我国个人脱口秀电视节目在20世纪90年代一直没有长足发展。而互联网的兴起给脱口秀带来了机遇，其运行机制、传播模式、收视特征等契合了脱口秀节目的传播特色。可以说，网络传播直接激发了脱口秀节目和脱口秀主持人的蓬勃发展。

(一)起步

我国第一档网络脱口秀是商业门户网站TOM于2003年11月3日推出的视频新闻节目——《大话新闻》。主持人林白以"播报＋评论"的方式点评时事和社会新闻。闵大洪认为"以《大话新闻》为标志，网络新闻(视频)主持人的形态真正出现了"。节目开播不久，一家名为"文学城"的海外中文网站主动推介了《大话新闻》，使得该节目引起大批海外中国留学生的关注。随着影响力的日益扩大，《大话新闻》逐渐形成了"播报＋评论"的网络脱口秀形式，并确立了"理性与幽默并重，正义与调侃共存"的风格定位。

《大话新闻》诞生于网络，在发展过程中几次进军广播电视。从2004年5月18日开始，周一至周五每晚9点半至10点，在中央人民广播电台都市之声播出。虽然只有北京听众可以接收，但这是国内第一个成功落地于传统媒体的网络节目，是网络文化发展中的突破之举。2005年1月，《大话新闻》曾变身为纯广播节目，播出时间提前到晚7点至8点；2005年8月，《大话新闻》重归网络，开始在"天天在线"播出，随后先在网上播出，再把视频版制作成音频版，送到电台播出；2005年12月，《大话新闻》的网络播出已比较稳定，而送到电台播出的音频却不止一次出现播出故障。在这种情况下，节目彻底重归网络。2006年4月，由林白担任主播和主编的《大话新闻》登陆河北卫视，于每天早上7点半至8点播出。

此后，林白于2009年11月3日推出《麻辣书生》，后来更名为《狼哥脱口秀》，与优酷、搜狐、腾讯、乐视、爱奇艺联合出品。该节目沿袭了《大话新闻》的风格，其"关注人生百态，调侃世间万象"的节目定位和"麻辣调侃、伸张正义"的主持人风格逐步稳定。主持人以"林中白狼"的形象在网络脱口秀中占据一席之地，拥有大量受众。

(二)发展

1.娱乐脱口秀

如果说《大话新闻》及后续系列节目是网络脱口秀的先锋，开创了一个新型节目传播样态，那么2007年由搜狐视频出品的娱乐脱口秀《大鹏嘚吧嘚》，又将这类节目的内容、形式、传播方式进一步拓展，在受众中形成了稳定的影响力。主持人董成鹏(大鹏)以睿智犀利的独特语言，佐以各种搞笑短片，揭开娱乐圈幕后真相，观点新鲜且幽默搞笑。"大鹏团队"在一小时的节目中运用道具、演员、字幕、音效等多种手段，表达"笑看网络新生活"的观点。该节目站在受众的角度，时而针砭时弊，时而热情颂扬，有态度、不做作、接地气的风格吸引了众多受众，大鹏也因此获封"互联网第一主持人"称号。同时，大鹏也在山东卫视《不亦乐乎》、辽宁卫视《明星转起来》、光线传媒《最佳现场》、黑龙江卫视《挑战名人墙》、湖南卫视《新闻大求真》、东方卫视《笑傲江湖》等传统媒体的各类栏目中参与主持工作。

2. 文化脱口秀

网络脱口秀节目无门槛、选题宽泛、形式各异、制作成本低的特征激发了大量“民间选手”一跃成为“脱口秀之星”。著名音乐人高晓松于 2012 年 3 月开始主持网络脱口秀《晓说》，每期谈论一个热门话题，还定时邀请嘉宾制作特别对话节目，并提前公布话题，与网友互动。话题涉及电影、人文、历史、社会现象等，节目展现高晓松犀利的观点，揭示不为人知的内幕。高晓松打造的语句具有强烈的“高氏风格”。2014 年 6 月 6 日，高晓松以爱奇艺为平台推出互联网文化类脱口秀《晓松奇谈》，跟随着高晓松的行踪，节目演播室可能出现在世界各地，也可能在观众的家中。高晓松以轻松聊天的方式与观众分享自己读过的书、行过的路，手中一把纸扇戏说古今中外。40 分钟的节目里，有观点、有揭秘、有调侃、有戏说、有看点，引人入胜。

3. 自媒体知识脱口秀

2012 年年底，一档定位为自媒体视频脱口秀的节目《罗辑思维》在优酷网与网友见面。主持人罗振宇以“有种、有趣、有料”为宗旨，向受众推荐书目、传递知识，做大家“身边的读书人”，倡导独立、理性的思考。主持人在节目中以即兴讲述的方式一气呵成，只要出错就重新再来，以“死磕自己，愉悦大家”为口号，有时一期不到 45 分钟的节目要录制 8 至 10 个小时。如今，《罗辑思维》推出微信公众订阅号，每天早上 6 点半左右发出。这个节目与其他互联网产品最大的差异在于，它不仅是一个自媒体脱口秀，更是一个以价值观为基础的创业和知识社群，该节目成为“罗辑思维”品牌不断扩展事业边界的核心力量。主持人罗振宇希望用情感共鸣黏住用户，用人格思维凝结社群，用势能思维建立品牌，用社群力量拓展边界。他认为，互联网正在成为我们生活中的“基础设施”，它将彻底改变人类协作的方式，使组织逐渐瓦解、消融，而个体生命的自由价值将得到充分释放。

4.群体脱口秀

2014年，爱奇艺打造了一档全新群体脱口秀，如果说同时期电视屏幕上的《我是演说家》《超级演说家》《开讲啦》等演说节目是“正说”，那么同为语言类节目的《奇葩说》可谓是“谐说”，以“新、奇、特”取胜，带给人欢乐与轻松。节目由马东主持，并邀请蔡康永、高晓松、金星担任导师。18位“奇葩”辩手以三寸不烂之舌在场上就某个选题展开辩论。辩题来自节目组在数据后台调查的网友关注度较高的问题，涉及民生、人物、情感、生活、商业、创业等。节目以轻松、搞笑、犀利、奇特的语言吸引了大批80后、90后年轻观众，上线以来点击量破亿，微博话题阅读量也破10亿大关。

此外，大量平民化定位的草根自创脱口秀节目也充斥网络，内容涉及时事调侃、娱乐爆料、艺人八卦等，五花八门、形式各异，各自吸引着不同的受众。比如酷6网推出的由西葫芦主持的自创性新闻评论节目《山寨新闻》，在“山寨”二字上做足文章，主持人自命山寨村村长，用红布包裹着麦克风，语言幽默、扮相搞怪，用农村幽默来解构热点新闻，在网络上的播放次数过亿，拥有大批粉丝。

(三)特征

互联网脱口秀是个人化产品，主持人是产品的策划者，量身打造的节目就是主持人尽情展现的舞台，主持人与节目势必具有较高的契合度。与传统媒体相比，互联网脱口秀的特征如下：

1.题材宽泛

网络脱口秀节目选题的局限性小，往往能够从主持人个人出发，选择自己关注、乐谈、善谈的话题来讲述。或是社会热点，或是网友关心的焦点，或是主持人自己的兴趣点，上到天文，下到地理，中到时事，无所不包，选题角度极为宽泛。而且话题的表达方式也无定规，主持人或演绎、或笑谈、或讲述、或调侃，个性化的创作中一切皆有可能。

2. 随意性强

网络脱口秀节目在播出时长、播出时间、节目形态上比传统媒体节目更具灵活性，随时可能根据主持人、环境、受众等因素进行调整，改版相对频繁。主持人个人化特征明显，具有极强的辨识度。主持人在演播环境、道具、言语中较多展露私人化信息，促进了个人风格的打造。

3. 特定受众

由于网络点对点的传播特点使得传播者可以运用“向特定群体推送信息”的思维来建构节目，精准、明确地将个性化传播内容送达特定群体。网络脱口秀个人化色彩极强，网友会因为主持人的个人风格、表达方式、传播内容等汇聚而来。尤其在同类节目中，网友会选择自己在价值观、审美等各方面更认同的主持人的节目来收看。受众以网络粉丝的心态形成特定群体，追随节目，具有专一性和小众化的特点。

二、互动谈话

互动谈话源于网络聊天室的功能，互动谈话类节目的发展，吸引传统媒体主持人“纷纷触网”。2005 年 4 月 20 日，电视节目主持人李静在新浪 UC 视频聊天室推出国内第一档网络视频互动谈话节目《静距离》。节目与电视访谈的差异在于，借助聊天室这个平台，网友可以充分地表达自己的想法。在节目过程中，网友可以随时提出问题，主持人和嘉宾及时反馈。《静距离》就是一个由主持人、嘉宾、网友组成的“三方互动”的娱乐节目。

此外，2008 年北京奥运会期间，在全民关注奥运话题的背景下，很多相关的网络谈话节目应运而生。2008 年 8 月 6 日，北京广播网作为北京广播电台的网站率先开启广播节目在互联网上的视频制作，推出《我与奥运共辉煌》视频访谈节目。节目邀请参与奥运报道的各路记者来到演播室，畅谈自己对于奥运的关注。节目采用直播方式，总共播出近10个小时，主持人蔡明可、纪佩佩、马琳玮成为北京广播网最早的网络视频主持人。2008年7月14日，搜狐网推出《搜狐北京播报》，主持人由搜狐公司董事局主席兼首席执行官张朝阳担任，他以专访的形式对话体育名人、奥运冠军等，展现奥运背后的故事。2008年8月4日至8月30日，电视节目主持人胡紫薇在奥运期间和搜狐网合作了一档名为《奥运紫薇星》的网络谈话节目，时长3个小时。节目形式包括视频连线、嘉宾访谈、网友视频互动等，内容包括热点事件讨论、人物故事、星座预测、明星八卦等。

这一时期，网络上还出现一些自制原创网络谈话节目。如搜狐视频曾打造了一档具有80后特质的访谈类节目《先锋人物》，主持人李响思维敏捷、洞察力强，契合了该群体的气质，节目体现出一定的思想深度和人文情怀。搜狐视频还制作了一档明星访谈类节目《明星在线》，由黄锐、于莎莎等人担任主持，每期邀请当红娱乐明星畅谈工作与生活趣事。另外，腾讯视频还推出由华少主持的高端访谈节目《大牌驾到》，爱奇艺也出品由朱丹主持的明星访谈节目《青春那些事儿》等。

网络互动谈话节目与传统媒体的谈话节目的差异是：一方面，网络节目在选题上具有更大的随意性和灵活性；另一方面，网络节目能够实现与网友的实时互动，甚至根据互动情况设置话题进程等。但是在主持样态上，两者并无本质不同。

三、网络晚会

网络晚会分为电视晚会在网络上的播出、广播电视与网络合办晚会以及网络自办晚会三种形式。从内容上讲，网络春晚是最具影响力的晚会之一。此外，还有一些主题性网络晚会，比如3·15网络晚会等。

《民间春晚》(简称《民晚》)是网络自办晚会中比较有影响力的。节目来源于2009年的山寨春晚，大部分节目来自民间草根，也有明星参与，分为传统文艺节目和民间绝活，节目以娱乐、搞笑、喜庆、互动为特色，融入许多网络元素，是极具民间风情的综艺晚会。《民晚》迄今播出的8年时间里受到全国的广泛关注。2009年澳亚卫视、优酷网、土豆网、百度视频、酷六、56网、凤凰宽频、PPS、PPTV等多家网站同步直播，使得《民晚》拥有了更广泛的收视群体。节目给老百姓提供了一个展示的平台，在晚会前期向全社会展开"该我上场了"优秀节目征集活动。《民晚》像是春节文化的一桌小吃，带给观众回归自我、回归民间的视听享受，满足了老百姓的文化需求。

围绕春晚主题举办的网络晚会源于《2006全球华人网络春晚》，这是我国首届网络春节晚会，由谢娜、迟帅担任主持，由新浪网、中国网、大河网、网库黄页四家网站联合主办，koook音乐网承办，所有节目都从网上征集，也是一场平民化晚会。另外，2008年新浪的播客春晚，共有六场晚会，吸引了近200位明星名人，多位网络红人参与其中，受到网民追捧，成为鼠年春节前后影响最大的网络活动之一。电视与网络合作办春晚开始于2010年，北京电视台、新浪网和中国移动共同打造了首届《北京电视台网络互动春节联欢晚会》。晚会由电视、网络和手机三大平台共同播出，共播出七场，分为北京电视台第一会场和新浪网第二会场，北京电视台的主持人春妮、刘婧、曹阳、龚宁、赵宁、董路分别在两个会场担任主持工作。这场春晚的节目创意、演员、导演和主持人也都由网民投票产生。一年后，中央电视台《网络春晚》也拉开帷幕。主持人由董卿、杨帆、撒贝宁、王小丫、王小骞、季小军、张蕾、任鲁豫、管彤担任。节目既有当红明星、网络达人，也有上班族、环卫工等普通百姓，此后历年的《网络春晚》成为习俗延续至今，而且形式上凸显"互动性和全球化"，运用网络视频连线、微博互动等手段，将全球华人华侨融入其中，《网络春晚》于除夕在中央电视台一套综合频道与中国网络电视台多终端平台同步播出。

第三节 互联网技术对播音主持形态的影响

新媒体是新技术支持下出现的媒体形态，如数字杂志、数字报纸、数字广播、手机短信、移动电视、移动网络、桌面视窗、数字电视、数字电影、触摸媒体等。它满足了人们随时随地互动表达、娱乐参与及信息共享的需要，为传统广播节目提供了新的发展机遇。

一、互联网技术条件下播音主持形态的特征

(一)灵活性和自由性

在互联网技术条件下，播音主持活动具有更大的灵活性和创作上的自由性，不完全受节目形态、内容、表达手段以及播出时间的限制。当前，网络节目还处于进一步规范的过程中，在节目形式上可以出奇、出新；主持人可以来自传统媒体，也可以来自演艺圈、高校、民间；节目可以选择在一家网络媒体独播，也可以在多家网络媒体或广播电视跨媒体播出。主持人在网络中自由流动，有些传统媒体主持人尝试网络主持，有些网络节目主持人走红后兼做广播电视，有些主持人还会尝试影视、微电影等，主持人跨媒体、跨节目、跨艺术门类是网络节目主持的趋势。在节目形态、主持样态、制作、播出等各个环节，网络节目都具有相对较大的灵活性和自由性。

(二)大众化和平民化

网络传播结构分散，具有去中心化和平民化特征。网络“点对点”的传播特性使得传播情境变成“所有人对所有人”的传播，“全民皆记者，大众皆主持”，传者和受者信息流通越来越便捷。主持人也避免因刻意雕琢而与受

众产生距离感，造型往往轻松随意，辅之以道具或体态语，拉近与受众的心理距离。主持人在来源上既有专业主持，也有草根大众，可谓英雄不问出处，只要有才华能胜任，就可以拥有一档自己的节目。节目风格和传播方式也具有一种颠覆传统、大众狂欢的意味。

(三)原创性和自主性

网络传播中，小众化的收视特征使得网络上出现了诸多的原创节目。由于群体化收视模式下，节目设计需要兼顾各阶层收视需要，容易走向大而全。而分众化定位的网络节目可以抛开束缚，针对受众大胆尝试，不寻旧路，推陈出新，大量原创节目应运而生。在这一背景下，主持人可以在自我空间里尽情发挥。许多网络节目，尤其是脱口秀节目，需要主持人招揽人气、凝聚受众、打造影响力，可以说，节目对于主持人的依赖性极高。许多网络节目是为主持人量身定做的，虽然一些知名网络节目幕后都有优秀的创作团队，但主持人通常还是居于主导地位，节目也会打上强烈的主持人个性化标签。

二、互联网对播音主持形态的影响

互联网技术背景下的主持人应具有互联网思维。

(一)技术特征

互联网技术条件下的新媒体最大的变革在于改变了大众传播既有的线性传播模式和特性，改变了传播生态环境，全面、深刻地影响着传播活动以及社会政治、经济、文化等各个方面。

1. 数字化

数字化技术将文字、声音、图形、图像等模拟信息转换成计算机可读信息进行处理，彻底改变了数据和信息的生产、获取、处理、传输和储存方式，并综合体现在互联网上，大大提高了传输效率。数字化技术打通了广播、电视等电子媒介间的壁垒，使同一内容能够多介质传播，扩大了传播效果。数字技术能够将文字、图片、声音、动画、视频等各种形式的素材多媒体化，实现传播形式“兼容并蓄”。同时，新媒体以网络为平台，摆脱了广播电视播出的时空局限，为海量信息存储提供了可能，提高了传播效能。

2. 交互性

交互性是新媒体技术运用中的本质传播特性。在传统媒体时代，广播电视信息单向传播，尽管可以通过读者来信、热线电话等各种形式接收受众反馈，但是这种模式毕竟不是在同一信息系统内完成的。反馈具有滞后性，互动效果有限。新媒体的到来彻底改变了这一局面，受众可以边听网络广播边参与广播节目，这个过程都在互联网系统内完成，每个个体都可能成为传播内容的一部分，每个人能够检索、接收、发布、评论各种信息，传受双方实现了双向实时交流。

3. 超时空

网络节目在外部效果上具有超时空特征，相对于传统媒体不会受到节目播出时段的限制。新媒体网络传播的快捷性和时间上的自由性可以轻松实现即时传播。无论身在何处，移动设备可以 24 小时支持发稿、播报等各类新闻报道持续更新。信息的采集、加工、制作、传递几乎同步，传播时效大大提升。另外，互联网跨地域、跨文化、跨国家的全球化传播，相对于广播电视具有更加广泛的影响力。

(二)形态变化

1. 外部样态

主持人在创作时间、空间上相对自由。基于网络节目的播出特性和目前的制作能力，多数节目还属于以主持人为核心的小成本制作，拍摄手段简单便捷，在创作时间和空间上约束较小。网络节目的拍摄既可以在公共场所，也可以在私人空间。有演播室主持、街拍外景，还有网络脱口秀节目主持人以个人居所为录制场地。有些个性化节目还可以根据主持人自身喜好和节目需要更换场地、布景、道具，对于选题内容的连续性也没有过高要求。

主持人的创作思维具有互联网条件下的超文本特征。主持人以非线性方式组织信息，将文字语言和其他各种动态信息结合在一起，收集、储存、编辑诸多空间的离散信息，建构成自己的信息系统进行表达传播。

2. 内部结构

在网络环境下，主持人有权对于选题、策划、采访、编辑发挥主导作用；有权在节目中分析、评论、安排节目内容、进程和顺序；有权与受众进行即兴互动交流，建立亲切感；有权在节目中展露个人信息，营造轻松活泼的氛围。网络节目中主持人的主观能动性发挥空间更大。

主持人的传播影响力具有“长尾效应”①。网络作为非主流媒体满足了零散市场用户的需求，但这一群体的市场份额是巨大的。在网络节目分众化、主持方式个性化的定位下，需要更多数量的网络节目和主持人去满足市场所需。

3. 素质要求

网络媒体的特征对主持人提出了新的要求。

(1)集成信息、大存储量

在信息型与知识型并存的社会体系中，信息是与物质、能量并重的维持人类社会生存和发展的三大要素之一，信息爆炸是时代的基本特征。主持

① 长尾理论由美国人克里斯·安德森提出，其认为由于成本和效率因素，过去人们只关注主流需求，而忽视零散的非主流需求，但是这些零散需求的市场份额相加甚至比主流产品的市场份额更大，并且由于数字技术的发展导致成本急速降低，使得开发这种零散的需求可能赚取巨额利润。

人除了作为固有信息的传达者，还需要拥有更强大的功能。主持人往往自带信息，自带话题，本身就是一个信息集合体。主持人自身需要加强学习，了解社会背景、时事热点、生活常识、百姓冷暖……主持人应具有良好的信息素养，能够及时准确地为受众梳理信息、精简信息、传递信息，使信息有节、有序、有趣地呈现在受众面前，出色地完成信息搜集、信息分析、信息处理和信息加工的任务。

(2)自由连接、适应力强

社会结构的变迁使人与人之间的协作变得更加自由，每个人都是市场无数节点当中的一个，主持人在其中应当是一个具有高连接力的节点。同时，主持人要具备极强的适应力，自由协作、跨界协作、驾驭各种形态的网络产品，既能够连接他人，也能够被连接，这样主持人的传播价值才可能得到更大发挥。

(3)魅力人格、聚集群体

网络世界中人与人之间更容易建立纯粹的聚合关系。主持人的思维、观念、禀赋、人格魅力将更直观地展现出来，同时成为吸引社群的核心因素。在互联网中，主持人建立以价值认同为基础的社群。主持人与受众之间的关系是共同面对、共同关注、共同表达，具有共同的群体意识。

互联网整合了所有媒介，并将这些媒介置于一种语境之中。未来的网络主持分众化传播日趋凸显，自媒体趋势愈发鲜明，互联网将成为一切媒体的“母媒体”。在这个庞大的平台面前，其他媒体只是其中的一个插件。在这个“人人皆媒体”的时代，媒体的概念将会变得更为宽泛。在这种大环境下，不论传统媒体主持人还是网络主持人，未来的存在方式会日趋多元化。随着互联网的普及以及三网融合步伐的加快，未来传统媒体主持和网络主持会不断交叉且趋于融合。网络主持人将会以独特的魅力存在于媒体产业当中。

网络技术的发展带来广播、电视、网络的融合，互联网作为一种媒介传播音视频节目，节目本身并没有太大改变，更多是给传播观念和结构带来变革。网络节目样态分为脱口秀、互动谈话和网络晚会，具有灵活性与自由性、大众化与平民化、原创性与自主性特征。其中脱口秀节目是在网络传播中急速兴起的节目样态，具有个人化、个性化、小众化特征。在互联网数字化、交互性、超时空的技术特性下，播音主持创作主体呈现出创作时空的自由性、创作思维的超文本和创作结构上的中心制特征。网络时代的主持人要具有能够凝聚群体的人格魅力，才能以多元化方式生存于各种媒体中。

第四章　技术条件下播音主持形态的发展规律

第一节　技术与播音主持形态发展的关系

一、技术是播音主持形态发展的推动力

“科学技术是第一生产力”是马克思主义理论的基本原理。在社会生产劳动中，科学技术直接决定劳动生产效率。科学技术一旦渗入和作用于生产过程中，就能直接转化为现实的生产力。人类的大众传播活动以传播技术的发展水平为依托，传播媒介的进步提高了传播效率，使人类步入一个又一个新的传播时代。技术在播音主持创作活动中具有特殊地位，相对于政治、经济、文化等柔性要素而言，技术属于刚性要素。大众传播媒体中的播音主持创作活动既受到技术条件制约，也被技术变革所推动。制播技术、传输技术、接收技术等各个环节的技术水平影响着整个传播过程和效果，推动着播音主持形态的发展。

（一）传播媒介的演进

在历史进程中，一方面，社会生产的发展会对传播活动的方式和内容提

出越来越高的要求；另一方面，人类传播活动的工具、手段总是随着社会生产力的发展而不断革新，借此拓展着传播活动的深度与广度。人类传播活动中的媒介是信息的载体，是传受双方的中介和桥梁。技术的进步带来媒介的变革，引领人们步入新的传播时代。

广播的诞生使大众传播真正从文字传播和印刷传播时代过渡到电子传播时代。承载着人类声音的电波实现了远距离快速传递，人类声音形成了体外化信息系统，生动鲜活的声音符号使得大众传播取得了前所未有的效果。

电视技术形成了体外化的音像信息系统，麦克卢汉曾对电视大加赞赏，认为电视相较于文字印刷传播能够充分调动起人类五官并用接受信息的本能，使感官平衡，更接近于人类正常的社会生活状态。

网络技术和数字化技术整合了多种媒体，信息以多媒体形式传播，开启了人脑的体外化进程。每个个体都有成为信息传播主体的可能，全新的交流模式改变了人们的思维方式，深层次影响着人类的生存状态和社会文化。

媒介技术深刻影响大众传播效果，媒介技术的发展推动着社会变迁和文化发展。

（二）技术对播音主持形态的影响

1. 媒介技术决定播音主持创作形态

广播媒介以声音为载体传播信息的特性决定了播音主持以有声语言进行创作的样态，电视媒介以声音和图像为载体传播信息的特性决定了播音主持以有声语言和体态语进行创作的样态。

从广播到电视媒介技术的进步，使播音主持形态从仅用有声语言传播信息发展为用有声语言和体态语双重手段进行大众传播，形成了电视播音主持的新形态。网络技术数字化和交互性的特点，又从结构上改变了播音主持创作在传播系统中的位置，主持人由线性传播流程上的一个环节变为交互性传播场域中的一个枢纽。

广播技术打破了时间的限制，使播音主持创作活动以有声语言为手段实现了远距离快速传播，信息具有可感性；电视技术进一步突破空间阻隔，使遥远时空中的现场能够传递声音和图像，信息具有可视性；网络技术消融了媒介和地域之间的界限，使信息在全球流通和共享，信息发布者作为巨大网络中的一个节点，与多重空间形成了交互网络。

2. 技术手段赋予播音主持创作空间

技术丰富了传播工具、渠道和方法，播音主持的创作手段和空间也得以增加。在以声音为符号的广播传播过程中，播音员、主持人只能依据文字信息、音响素材等进行有声语言的传播；在以声音和图像为符号的电视传播过程中，播音员、主持人可以利用文字、音响、录像等各种声像同步的素材进行创作；在网络技术背景下，播音员、主持人不仅有前期的策划文稿，更可以直接置身于节目情境中，实时编辑，进行语言创作。

在电视技术、网络技术综合作用下，播音主持创作被放在节目设计的特定情境下进行，既包括现场自然景物和人物活动、现场素材、互动反馈等元素，也包括真实情境（真实演播现场）和虚拟情境（虚拟演播场和引入的其他空间现场）不同的状况。包含着各种情态规则的“情境”已经构成播音主持创作中信息系统的一部分，都属于播音员、主持人应当利用的特定信息。1985年美国传播学者梅罗维茨曾提出“情境论”。他认为媒介造成的信息环境与人们表现自己行为时所处的自然环境同样重要，在确定情境界限时，人们应考虑到接触信息的机会。每种独特的行为需要一种独特的情境。因此，播音员、主持人对媒介情境信息的把握决定了其语言行为的指向。技术环境的复杂多样需要主持人调动视觉、听觉、触觉等多重感官投入创作，为其提供更广阔的发挥空间。

3. 技术特性改变播音主持创作模式

互联网和数字化改变了大众传播的结构模式，各种媒介之间的界限不再明显，媒介融合和信息资源共享已经越来越普遍。播音员、主持人在全媒体背景下采集、获取信息进行创作，其传播内容不仅可以在传统媒体中播出，还可以打包或切割分发到新媒体当中，让传播内容持续发挥“长尾效应”。另外，互联网的交互性使播音主持创作在整个传播活动中的结构属性发生变化，不再是线性传播中的一个点，而是立体场域中的互动基点和信息枢纽。交互行为增强了传播者与受众、传播者与信息之间的互动，同时也弱化了社会黏性，主持人分众化和个性化传播将成为必然趋势。

二、播音主持形态发展需要与技术相结合

媒介的形态对播音主持形态和播音主持创作都有巨大的影响。加拿大传播学者哈罗德·伊尼斯说：“一种新媒介的长处将导致一种新文明的产生。”传统媒体的特征是集中化，但是在传播时间上稍纵即逝；新兴媒体的特征是分散化，但是在传播时间上具有反复性和延续性。播音主持形态的产生与发展受到政治、经济、社会、文化等多重因素的影响，但科学技术的水平制约着播音主持创作的水平。在科技还不发达且没有媒介支持的口头传播时代，人们依靠人体的发声器官发出声音与周围事物和环境建立联系，人与人的交流传播局限在近距离的群体和部落当中，受到时空巨大的制约。随着广播、电视等媒介技术的产生，大众传播时代到来，播音主持创作活动才应运而生。

技术可以给人类活动插上翅膀，也可以对人类活动造成制约，这取决于人类对技术的理解和运用。播音主持创作活动离不开技术环境，我们应该了解、把握、驾驭技术，找到运用这些新技术的方法，这样才能使技术为播音主持创作活动所用，使播音员、主持人具有更大的创作空间。

第二节 技术条件下播音主持形态的发展轨迹

播音主持创作活动不是孤立存在的，它是播音员、主持人与多种媒介环境融合、适应，与各工种协调合作完成的创作活动。对播音主持形态的研究是宏观上结合传播史、技术史对播音主持创作活动历时性变化的研究，以技术变化为结点对创作主体的活动进行考察，进而发现不同技术时期播音员、主持人在媒体环境中从事创作活动的方式、作用和规律。

一、发展过程

(一)媒介技术决定了播音主持的基本形态

在媒介技术手段中对播音主持形态起决定作用的是直播技术和录播技术。在广播电视技术发展过程中，播音主持分为早期直播、录播和新型直播几个阶段。

直播和录播处于不同的创作时态，对创作主体传播心理的影响有很大差异。在直播中，播音员、主持人首先要保证节目安全和流畅地播出，需要经过充分准备一次性完成创作。播音主持创作过程处于现在进行时，创作主体不可预测未来的时间，声音和画面同步播出，信息转瞬即逝。在录播中，录音录像制作相对于节目播出是过去完成时，播音员、主持人可以更专注于传播效果的把握，及时调整出现的问题。录音录像技术帮助人类构建了声音信息和图像信息的体外化系统，并能够大量复制、传播、保存这些信息。

(二)媒介变革丰富了播音主持创作手段

播音主持创作活动随着广播的出现而诞生，广播作为传播声音符号的大众媒介，使播音主持形成了以有声语言为手段的创作方式。播音员、主持人运用规范、庄重的有声语言在大众传播中准确、鲜明、生动地传播信息。因此，广播也被誉为“听觉的艺术”。

电视发明以后，播音主持的传播形态发生了重大变化。由以有声语言为创作手段转变为运用有声语言和体态语共同表达信息，电视的声音符号和图像符号同时作用于受众的听觉和视觉。因此，播音员、主持人除了把握好有声语言之外，还要对表情、体态、道具、妆容、造型等进行管理，以便用准确丰富的画面语言传达信息，达到良好的传播效果。

（三）新技术拓展了播音主持创作空间

播音主持的创作素材经历了文字素材——电子素材——现场素材——多媒体素材——外场音视频素材等多种样态的发展，如今呈现出多样化并存的态势。

在播音主持形态产生的初期，播音员、主持人在话筒前的创作素材主要是文字，创作主体需要通过内在语、对象感、情景再现等内在技巧挖掘有限的文字稿件背后的内容和情感，运用有声语言进行表达。

在录音录像技术兴起之后，播音员、主持人可以在节目中运用录音、音乐、音响、录像等素材，既增加了创作主体的心理依据，也丰富了节目内容。

在广播电视演播室技术的发展过程中，播音员、主持人的演播现场得到充分利用，不仅有观众、嘉宾增强交流互动，还有大屏幕、触摸屏等多媒体视觉信息来丰富视听。在计算机技术、数字技术与虚拟演播室相结合建立的虚拟空间里，播音员、主持人可以在细腻、准确的设计想象中调动全部感官与虚拟情境进行互动表达。

在通信技术、网络技术尤其是卫星直播技术日益完善以后，随着政治、经济、人文环境的变化，受众对节目时效性和现场感的需求大大增加了。广播电视节目中越来越多地引入热线电话、网络互动等外场音视频素材，这些演播室以外的信息会在主持人的组织调配下作为节目内容传播出去。

播音主持形态发展的历史是人类传播技术手段不断发展的历史，也是社会信息系统不断完善和复杂化的历史。播音主持创作活动从把文字稿件通过有声语言传递给受众的简单形态，发展到运用自身和外部多元信息形成有声语言同步传达给受众的复合形态，在这个过程中，播音员、主持人的思维能力、语言能力、表达能力都显现出复合性特征。创作主体在传播实践中，提高了语言和形体的表现能力，使声音符号和图像符号能够承载更加复杂的含义。

二、发展特征

纵观播音主持形态发展历程，创作时间不断受到挤压，受众日益靠近信息和事件本身，进而与主持人、新闻事件共置于一个时间维度里。但是，创作空间逐渐得以拓展，主持人可以调动多个外在空间进入演播空间共同传播信息。1951 年媒介环境学派先驱者——加拿大传播学家阿罗德·伊尼斯在《传播的偏向》中建构、阐释并拓展了“偏向论”。伊尼斯认为，传播和传播媒介都有偏向，大体上分为口头传播的偏向与书面传播的偏向、时间的偏向与空间的偏向。他发现，媒介可以分为有利于空间上延伸的媒介和有利于时间上延续的媒介。① 而本文在研究中发现，电子传媒技术可以远距离快速传播信息，在发展过程中具有空间上的不断延伸性。因而，电子媒介中播音主持传播活动的形态也具有时间不断压缩、空间不断扩张的发展趋势。

（一）时间的压缩

广播电视早期的直播和录播的传播模式属于线性传播，节目的生成就像流水线作业，完成一道工序才可以进入下一道工序，彼此界限清晰、权责分明。在早期直播中，虽然播出环节直接面对受众，但由于技术条件所限，

---

① 伊尼斯. 传播的偏向[M]. 何道宽，译. 北京：中国传媒大学出版社，2013.

前期资料的采集、文字稿件的形成、信息的传输都要耗费大量时间；在早期录播中，节目从策划采集到到达受众需要经过若干工序，环节繁琐、耗时漫长，这在前文论述的电视早期直播、录像播出节目中可见一斑。如今，网络化传播完全打破传统的线性传播模式，主持人、受众、记者等可以同时出现在同一时间维度，各司其职，共同传播事件信息。当然，位于大众传播平台的主持人是这个复杂信息场域中的主导者，把控着信息传播的进度和方向。由此可见，在播音员、主持人进行播音主持创作活动的历史中，从新闻事件发生到到达受众的时间在不断缩短，直至达到共时传播。

（二）空间的拓展

人类社会在刚步入电子传播时代时，各方面技术条件还不发达，播音员、主持人只能依靠图片、文字等静态信息进行创作，创作空间有限。随着电子技术手段的不断丰富，播音员、主持人除了利用静态信息外，还可以利用声像素材、嘉宾观众表现等动态信息，拓宽创作空间。可以将新闻事件发生的现场和受众所在的现场进行连接互动，彻底拆除空间的隔阻，建立巨大的演播场。

（三）交互的延伸

数字媒介跨越时空传递信息，为现有语境增添了新的传播关系。第三维度的媒介成为远距离的体验式共存和协调行动的丰富资源。主持人不仅与他人进行交流，也与其他媒介进行传播。技术进步增强了信息传播的便捷性、广泛性、互动性，播音员、主持人的互动从真实的人际交流到“人机交流”“虚拟交流”，从听觉、视觉的交流延伸到更多感官的交流，与媒介中的现实语境、虚拟语境和跨时空语境进行互动。

第三节 技术条件下播音主持形态的发展趋势

人类传播技术进步的核心动力是对远距离快速传递信息的追求，其中包含时间和空间两个概念。播音主持活动作为大众传播活动的重要组成部分，其形态发展规律必然遵循传播技术发展的路径，在时间和空间上不断变化，从而影响播音主持创作的外部特征和内部结构。

一、融合性

传播技术推动媒介形态发生嬗变，催生多种媒介形态的融合，也促使节目内容形态的融合。网络技术和数字技术为不同媒体之间的交融提供了可能，深层次地引发了社会结构和传播观念的变革。媒体之间严格的分界也将被打破，因为信息内容的底层都在数字化层面上打通了。节目内容类别之间严格的分界也将被打破，因为大众传播信息和娱乐的本质功能已得到受众认同。未来的主持人将在广播、电视、网络等多种传播领域之间，甚至在新闻、娱乐、社会生活服务节目之间流通，最大化地体现传播价值。

信息共享促使主持人资源共享。越来越多的主持人不再固定属于某一档节目或某一个媒介平台，而是作为一个具有独特价值的个体，活跃在不同的媒介平台上。

二、交互性

交互性是新媒体的本质特征。新媒体技术环境建立起交互性传播结构，打破了传者与受者的严格界限，解决了传统媒体与受众互动有限、受众信息反馈滞后的问题。交互性特征改变了信息形成的方式，主持人需要对传播内容进行切换，增加对信息的控制力度。未来主持人可能置身于更大的素材空间，与更多的“点”实现交互，将不同的外在系统和空间组合引入自己的演播系统。因而，受众深层次参与和跨时空互动将是主持人需要把握的重点。另外，“点对点”的交互性传播模式增强了“一对一”个性化服务的需求，针对特定用户精准投放信息的服务意识是增强互动效果的前提。在当下信息过剩的时代，主持人的价值更多体现在掌握独特性信息和与外在信息的交互能力上。主持人依据表达、话语转换和角色扮演建立并调整与其他媒介空间的交往关系，在这个过程中建构起心理学和社会学意义上的真实语境。

三、动态化

现代传播技术使得跨越时空的声音、图像共时传播成为可能，当接收和传播都步入移动时代，信息渠道的多元化和传播方式的动态化是必然趋向。2015 年美联社在员工中推广安装 App—Iris Reporter 软件，以便记者在任意时间、地点用手机拍摄视频上传到 Lice Choice 作为新闻直播素材。2010 年 11 月 15 日，美国第一大新闻网站雅虎推出“雅虎用户原创新闻网站”(Yahoo Contributor Network)，数百万“公民记者”成为雅虎的新闻来源，为其提供社会、财经、娱乐等方面的信息。“用户生成新闻”模式拓宽了网站的新闻覆盖面，“公民记者”和“公民新闻”成为网络高度自由和便捷的产物。

大众传播的结构性变革影响着节目从制作到播出的每一个环节。主持人在任意演播环境中都会面临信息的动态化、编辑的动态化、表达的动态化，这也给受众带来了全新的视觉享受和互动体验。新闻直播报道走进移动直播时代，多点联动报道成为趋势。新闻生成渠道的多元化发展，使得传统媒体新闻制作需要更加全面、立体地布置报道、采集信息。

数字媒介信息呈现动态发展趋势，数字媒介的话语形式存在不确定性，在共识语境和冲突语境当中，传播者轮流从事着传播活动。新媒体的交互性使个体可以参与信息的形成，进而影响主持人的信息控制力。在交互传播模式下，信息不再由固定点发出固定内容到达指定点，相反，很大一部分信息正是在传者与受者交流的过程中形成的。因而，主持人不是信息的绝对掌控者，而是在信息流动变化的过程中不断实施控制的引导者。信息传播过程中所有参与者对信息具有不同程度的影响，需要主持人进行动态把握。随着电子传播技术的发展，人类进入了前所未有的信息社会。数字技术、互联网技术的发展，加快了信息的传输速度和处理效率，使得电脑产生的体外化信息日益膨胀。播音主持创作主体通过大脑这个信息处理中枢处理信息的难度在不断加大，播音员、主持人面临着更大的挑战。

结 语

20世纪20年代末，无线电广播刚刚问世，曾有人预言报纸会此而寿终正寝。20多年后电视出现，这种预言又再一次出现。电视曾被认为是传播媒体的集大成者，它集声、像、文字于一体，能充分满足受众各种感官的需求。但多媒体网络又将电视技术所具有的声像并茂的传播能力与计算机的交互性相结合，为人们提供了更富交互性、人性化的交流环境。

一、主要研究结论

(一)技术条件下播音主持形态发展特征

广播技术条件下的播音主持形态发展经历了广播早期直播、录音广播和新型广播直播几个阶段。广播技术条件下播音主持创作活动以有声语言为创作手段，传播模式由早期直播和录音广播的线性传播转变为新型直播样态下的网络化传播模式。在创作素材方面，由文字素材发展为电子信息、嘉宾听众、电话网络等综合性信息素材。播音主持传播活动由链条上的“一个环节”变为“枢纽”。在素质要求方面，播音员只有提高语言表达力、信息判断力和技术操控力，才能在广播节目中引起受众的共鸣。

电视技术条件下的播音主持形态发展经历了早期电视直播、电视录播和新型电视直播几个阶段。电视技术条件下的播音主持活动以有声语言和体态语双重手段进行创作。节目制播经历了从早期电视直播和录播阶段的采集、编辑、播出、合成等各环节依次进行到集中多种媒体资源采纳制作、根据用户特点按需输出、立体化播出的整合与重构。电视媒体上声音和画面共同传递信息，播音员、主持人的形象、体态成为创作活动的重要组成部分；在新媒体技术支持下，创作的素材、真实空间和虚拟空间也在不断拓展。主持人作为播出平台上的主旨执行者、现场组织者和信息传播者，必须具备语言转化力、空间想象力和多维传播力等综合素质。

网络技术的发展促进了广播、电视、网络的融合，互联网作为一种媒介传播音视频节目，给传播观念和传播结构带来巨大变革。网络节目样态分为脱口秀、互动谈话和网络晚会等，具有自由性与灵活性、大众化与平民化、原创性与自主性等特征。在互联网数字化、交互性、超时空的技术特性影响下，播音主持创作主体呈现出创作时空的自由性、创作思维的超文本和组织结构上的主导性特征。网络时代的播音员、主持人需要存储大量信息、适应各种语境，并且具有超强的人格魅力，才能以多元化的方式在多媒体环境中生存。

(二)技术条件下播音主持形态发展规律

首先，技术变革与播音主持形态发展之间的关系密不可分。技术在播音主持创作活动系统中具有特殊地位，大众传播媒体中的播音主持创作活动既受到技术条件的制约，也被技术变革所推动，制播技术、传输技术、接收技术等各个环节的技术水平影响着整个传播过程和传播效果，推动着播音主持形态的发展。广播的诞生使大众传播真正从文字传播和印刷传播时代过渡到电子时代。电波承载着人的声音实现了远距离快速信息传递，人类声音形成了体外化信息系统，生动鲜活的声音符号使得大众传播取得前所未有的效果。电视技术形成了体外化的音像信息系统，相较于文字印刷传播能够充分调动起人类五官并用接收信息的本能，使感官平衡，更接近人类正常的社会生活状态。网络技术和数字化技术整合了多种媒体形式传播信息。每个个体都有成为传播信息主体的可能，全新的交流模式改变了人们的思维方式，深层次地影响着人类的生存状态和社会文化。技术对播音主持的创作样态、创作空间和创作模式产生重大影响，同时创作实践又是对技术的检验与运用，播音主持学科的研究需要与技术发展相结合，二者关系密不可分，技术影响大众传播的效果，技术发展推动着社会变迁和文化发展。

其次，从播音主持形态发展轨迹上看，技术条件下播音主持分为直播和录播两大基本形态；媒介从广播到电视的跨越使播音主持手段从有声语言传播拓展到有声语言和体态语共同传播；网络新媒体、新技术的发展使播音主持创作素材经历了文字素材——电子素材——现场素材——多媒体素材——外场音视频素材等多种样态的发展，最终呈现出多样化并存的态势。

最后，播音主持形态发展具有空间不断扩张、时间不断压缩的趋势。电子传媒技术可远距离快速传播信息，具有空间上可以不断延伸的特性。纵观播音主持形态发展历程，新闻播音主持创作活动的时间不断受到挤压，受众日益靠近信息和事件本身，与主持人、新闻事件共置于一个时间维度。同时，由于创作的空间逐渐得以拓展，主持人可以调动多个外在空间共同传播信息。

互联网、新媒体和通信卫星技术的发展，改变了大众传播模式，催生出播音主持创作活动的新形态。语言传播突破了地理区域的局限，任何信息通过互联网都可能被世界各地的人接收到，主持人不再单纯地属于某一个平台，而将成为大众传播网络中的一个有力节点。

二、研究不足

本研究的不足之处：一方面，对于播音主持形态学的分析是一个新领域，其中包含的诸要素和研究系统的建构还需进一步完善。另一方面，本文立足于宏观视角，以大的技术变革为切入点对播音主持形态的发展变化进行研究，对不同阶段、不同层次的一些微观技术问题的关注不足。在今后的研究工作中，我们将进一步对播音主持创作操作层面影响较大的微观技术进行更深入的探讨。另外，对新媒体技术给播音主持创作带来的变化我们也要持续关注。

三、展望

未来播音主持形态发展规律必然遵循传播技术发展的规律，在时间和空间上不断突破，从而影响播音主持创作的外部样态和内部结构关系。播音员、主持人在媒体、行业、信息之间跨越流通的融合性，在网络传播结构与媒介环境中各种要素的交互性，在移动时代掌握信息的动态性成为未来发展趋势。

未来社会对于互联网的认识与应用将从改造传统产业演变为知识社会创新 2.0 推动下的互联网新形态。我国于 2015 年开始推行的"互联网＋"行动计划，不仅是指互联网移动化存在于社会各个行业，应用于某个传统领域，更在于如何运用计算、数据、知识进行创新，改变我们的生产、生活、工作方式。未来的传播将是创新驱动发展的"新常态"。播音主持创作活动伴随着信息通信技术在互联网条件下的深入应用，已经与物联网、云计算、大数据等新一代信息技术形态相结合，带来创新形态演变，将来还会与大众传播系统内部其他形态创新相互作用、共同演化。随着知识型社会的来临，播音主持创作活动需要适应信息化发展，在认识和利用技术规律的同时找到创新点，建立起适应传播发展的新型模式。毕竟，一个行业领域的创新不能靠灵光一现，而在于从汹涌澎湃的波浪下面去发现"洋流"和"潜流"。

附录1 播音主持与技术发展大事记

一、1923年—1939年

（广播技术诞生——人民广播诞生）

1923年1月23日，美国人奥斯邦在上海主持建立的“大陆报——中国无线电公司广播电台”开始播音。这是中国境内的第一座广播电台。1月26日，该台播出孙中山的《和平统一宣言》，大约3个月后停办。

1925年，约翰·罗杰·贝尔德在“尼普科夫盘”基础上发明了机械电视机。

1929年，英国开始试验电视广播，第一次公开播出的电视节目是著名工程师弗莱明的电视讲话。

1930年，英国广播公司与贝尔德合作，首次进行声像同步播出，并获得成功。

1932年1月22日，国民党政府“交通部”公布《限制私营电台暂行办法》修正案，规定设台团体或个人以“中华民国”国籍及完全华人资产为限，最大发射功率暂定为50W。

1933年9月，日本侵略军在大连建立“满洲电信电话株式会社”（后迁长春），垄断东北地区的电报、电话、广播事业。日本在占领东北期间先后在各地建立广播电台20多座。

1936年11月，最早的电视台英国广播公司(BBC)在伦敦以北的亚历山大宫建成世界上第一座电视台。世界新闻传播史称1936年为世界电视事业开元年，由此开启大众电子新传媒时代。

1937年6月，据吴保丰《十年来的中国广播事业》一文，当时国民党地区共有广播电台78座，总发射功率将近123kW。另据估计，全国有收音机大约20万台。

1939年，第一台黑白电视机诞生。

二、1940年—1957年

（人民广播诞生——中国电视出现）

1940年，周恩来从苏联带着一部广播发射机回到延安。延安无线电技术人员经过辛苦探索和反复试验，对它进行改装。通信器材厂又克服种种困难，制造了各种必需器材，把一个破旧的汽车头拆修改装成发动机，用燃烧木炭产生的气体来代替汽油，用木杆在山头上架设天线。经过几个月奋战，在1940年年底建成了广播电台，并且开始试播。

1943年春季，延安新华广播电台暂停播音。原因是电力太小、电压不稳，播出的声音有时清晰、有时模糊，发射机又发生严重故障。

1945年8月中旬，延安新华广播电台发射台的技术人员在通信器材厂的帮助下，寻找故障原因，试用新的线路，经过多次改装，恢复成口头广播的发射机，发射电力只有300W左右。工作人员在延安城西北的盐店子村建造了发射台，在盐店子附近的裴庄山沟里挖了一孔窑洞作为播音室，恢复播音。

1945年日本侵略军无条件投降后，苏联红军政治部接管了原日伪“哈尔滨中央放送局”，改建为“哈尔滨广播电台”。刘亚楼、李兆麟曾先后领导电台工作。其间，哈尔滨广播电台曾转播过庆祝战胜法西斯纪念日大会、知识分子代表大会、青年代表大会实况。

1946年,第一台彩色电视机诞生。

1946年3月8日,哈尔滨市举行了“国际劳动妇女节”庆祝会,李兆麟在大会上讲话,电台做了实况转播。

1946年年底,哈尔滨市和齐齐哈尔市的有线广播站开始广播,主要转播广播电台的节目。

1947年3月中旬,延安新华广播电台迁到延安东北大的瓦窑堡,从3月20号起改名为“陕北新华广播电台”(简称陕北台)。电台机器房和播音间搬到好坪沟村一座破旧小庙里。小庙分上下两层,下面一层做机器房,上面一层隔成两半,一半做播音室,一半做播音员宿舍。播音室面积约4平方米,用一块羊毛毡子做门帘。

1947年9月5日起,陕北台把每晚播音时间延长到3小时,增设简明新闻等节目,后又增设英语节目。

1948年5月,陕北台转移。编辑部设在西柏坡附近的小村子里,播音室在平山县的山沟里。

1949年3月25日,陕北台迁到北平,并改名“北平新华广播电台”。

1949年6月20日,北平新华广播电台在全国新闻联播节目中播放了毛泽东、周恩来和李济深等在新政治协商会议筹备会上的讲话录音。

1949年9月21日,北平新华广播电台又以实况录音的形式,在党委播送了毛泽东在中国人民政治协商会议上的开幕词。会议期间,北平新华广播电台还陆续播送了会议通过的《共同纲领》和毛泽东当选为中央人民政府主席等实况录音。这是人民领袖的声音第一次通过人民广播电台传遍全中国,也是人民广播电台第一次播出实况录音。

1949年10月1日下午3点,中华人民共和国开国大典在北京天安门广场举行。北平新华广播电台实况广播了开国大典盛况,全国各地人民广播电台同时转播。

1950年4月2日,上海人民广播电台播出了记者采制的第一个录音报道《我们的一天——上海台生活片段》,由苗力沉同志写稿并制作。这是我国人民广播电台早期播出的录音报道之一。

1950 年 5 月 3 日，吉林人民广播电台得知海南岛解放后，立即出动宣传卡车，携带新添置的第一台钢丝录音机，到各工厂和市内主要街道采访，当晚在新闻节目里播出。由于录音设备不齐全，不能复制合成，在播放现场录音的同时，播音员在播音室里直接插播记者的语言，在十分困难的情况下播出了录音报道。

1951 年，中央人民广播电台开始部分使用磁带录音机，到 1955 年，文艺节目全部采用录音播出。

1952 年 4 月 1 日，中国第一座以一个县为区域范围的有线广播站——九台县广播站正式播音。

1953 年 3 月，中央人民广播电台先后派出记者高尔公、陈道宗、胡懋德和播音员俞炜等人到朝鲜战场随中国人民志愿军采访。他们在朝鲜战场采制了一批反映中国人民志愿军抗美援朝的录音报道。同年 12 月，中央人民广播电台又派杨兆麟、赵斯金和播音员齐越等随第三届赴朝慰问团去朝鲜采访。他们采制录音报道，在朝鲜制作好节目送回国内播出。

1953 年年底，鞍钢新建的大型轧钢厂及无缝钢管厂和改建的 7 号炼铁炉建成投产，中央人民广播电台记者郑佳、高尔公、陈寰等到那里采制了一系列录音报道。

1953 年，美国国家电视制式委员会宣布采用 NTSC 制为本国彩色电视技术标准。1954 年，美国全国广播公司和哥伦比亚广播公司采用 NTSC 制正式播出彩色节目，美国因此成为世界上第一个播出彩色电视节目的国家。

1954 年，上海人民广播电台首先制成中国第一套自动报时设备，播出与上海天文台同步的报时信号。1960 年起，中央人民广播电台改用专门设计的电钟，利用北京天文台送来的标准频率控制它的运转，并用天文台送来的标准秒信号接通报时控制电路进行自动报时。中华人民共和国成立初期是播音员目视秒表手敲音板报时，后来也用人工控制报时，但都不够准确。

1956 年，北京对外发射中心建成播音（装设 6 部大功率发射机，30 副天线，能向各方发射)，中国对外广播的实力得到了一定增强，增加了一些广播对象地区，初步改变了中国对外广播的落后面貌。

1956年，美国安培公司研制成功了新式磁带录像机，使磁带录像机朝实用方向迈出关键性一步。同年，该公司成功研制出旋转磁头录像机。

1957年，日本广播公司与索尼公司试制成功了旋转四磁方头式的横向扫描磁带录像机。

1957年8月，中央广播事业局成立电视实验台筹备机构，并决定由北京广播器材厂承担研制电视发射机和电视播控设备的任务。

1958年年初，北京广播器材厂试制成功1kW图像发射机1部、500W伴音发射机1部、播送室低周控制设备1套、摄像机7台，为电视台的建立做了物质上的准备。1958年5月1日，中国中央电视台(初名“北京电视台”，1978年5月1日改为现名)开始试播节目。①

三、1958年—1996年

(中国电视出现——互联网的应用)

1958年3月，中国第一台黑白电视诞生，名为“北京”。

1958年8月，中国第一辆3信道电视转播车研制成功。

1958年7月，中央广播事业局广播科学研究所与北京广播器材厂、北京电视台的技术人员合作，研制生产出我国第一辆由3台超正析管摄像机组成的黑白电视转播车，其中还包括一套0.1W、7000MHz的微波传送与接收设备(此前，我国还使用过由日本东芝电器公司制造的采用电子管技术、由两个摄像机信道和两套微波组成的黑、白电视转播车)。转播车的出现，拓展了电视节目播出的时空范围，丰富了电视节目的内容，开辟了在电视台以外

① 金文中，李建新. 广播影视科技发展史概略[M]. 北京：中国广播电视出版社，2013：167.

进行实况节目转播的新天地。[①]

1958 年 9 月 20 日，新中国第一家电视台——北京电视台（中央电视台的前身）正式开播，标志着中国电视事业的开始。

1958 年 10 月 1 日，北京电视台使用我国自主研制生产的第一辆黑白电视转播车，转播了天安门广场庆祝中华人民共和国成立九周年阅兵典礼和群众游行，晚上又转播了焰火晚会实况。

1959 年，中央广播事业局广播科学研究所与北京广播器材厂合作，试制出中国第一部调频广播发射机，并在北京进行试播。

1959 年，日本东芝电器公司研制成功一台单旋转磁头“螺旋扫描方式”磁带录像机，使磁带录像机又朝着结构简单、价格便宜且省电方向迈出重要一步。

1960 年，我国试制出全套国产的彩电演播设备和发射机，并于同年 5 月 1 日在北京建成中国第一座彩电试播台。

1963 年，经周恩来总理批示，北京电视台建成一座 800 平方米电影胶片生产制作楼。这一时期北京电视台播出的 16 毫米影片，声音和图像是分别制作以后再合成的。图像按照电视影片的工艺流程制作，后期根据图像内容使用录音机对声音进行编制。由于声音与画面设备不同步，录音带和胶片的速度不一样，经常出现声画错位现象。为此，工作人员只好采用中央新闻纪录电影制片厂为新闻节目配乐的表现手法，不论内容是否适合，给 16 毫米影片的电视新闻节目一律配上背景音乐，从而解决了同期声对不上口形的问题。

1966 年 1 月，北京电视台第一次使用黑白录像设备录制节目，第一个录制的节目是马季和唐杰忠表演的相声《女队长》，使用的录像设备是广播级 4 磁头 2 英寸录像机。这为我国电视节目录像播出开了先河。[②]

---

① 刘习良. 中国电视史[M]. 北京：中国广播电视出版社，2007：55.

② 于广华. 中央电视台大事记[M]. 北京：人民出版社，1993：25.

1970 年日本松下公司、索尼公司和胜利公司联合推出 U-matic 格式的磁带录像机，并被迅速推广和应用。

1973 年，根据周恩来总理批示，我国第一个 CATV 公用天线电视系统在北京饭店开始建设。

1973 年 5 月 1 日，我国开始试办彩色电视节目（采用德国的 PAL 制式）。中央电视台以 8 频道在北京地区试办，发射功率为 1kW，10 月 1 日正式播送节目，同时将发射功率提高到 7.5kW。中央电视台的节目通过微波线路向全国传送，到 1976 年年底已经传送至 25 个省、市、自治区。与中央电视台同年正式播送彩色电视节目的地方电视台有上海、天津、成都电视台。

1977 年，我国开始播出两套彩色电视节目。第一套节目用 2 频道播出，并通过微波线路传送至全国各地；第二套节目用 8 频道向北京地区播出。

1977 年，中央电视台、上海电视台的第一套节目全部改为彩色电视节目，说明中国的电视已经开始从黑白向彩色转变。

1979 年 8 月，黑龙江广播事业局开始研制立体声广播，于 9 月 26 日制出中国第一台立体声调制器，12 月在全国首先开办了立体声广播。

1980 年 5 月 5 日，中央人民广播电台开办第三套节目，采用调频广播，对北京地区播出。

1980 年 12 月，广东人民广播电台建立了立体声广播，播音时间较长，节目较丰富，收听率也较高。

1982 年 10 月 1 日，中央人民广播电台开始在第三套节目采用立体声播出，并于 1984 年通过微波线路送至东北三省。

1983 年，中央电视台直播第一届《春节联欢晚会》。

1983 年 1 月，湖南省临澧县、洞口县、津市市、黔阳县等 4 个广播站成为全国第一批有线广播电台。

1984 年 4 月 16 日，中国第一颗试验通信卫星成功发射并使用。

1984 年 10 月 1 日，中央人民广播电台采用复杂多样的播控技术转播首都庆祝中华人民共和国成立 35 周年阅兵式和群众游行以及首都国庆焰火联欢晚会实况，使用了30多个传声器，检阅车和采访记者还配备了无线传声设备，各路信号经过几个分调音台再传到主调音台，内容丰富生动。

1986年，中央电视台彩色中心落成。由于通信卫星传送技术的使用，我国电视人口覆盖率逐年上升，1984年为64.7%，1994年提高到83.3%，1997年年底上升到87.4%。

1990年11月，原广播电影电视部颁布《有线电视管理暂行办法》，我国有线电视开始规模化发展，至1998年达到7,700万用户，居世界首位。

20世纪90年代初，上海东方明珠电视塔（高460米）、天津电视塔（高415.2米）建成，这两个电视发射塔的高度仅次于加拿大多伦多电视塔（高553.6米）和莫斯科奥斯坦丁电视塔（553.3米）。①

1991年1月，中央电视台在第二套节目《外国文艺》栏目中，成功地转播了1991年"维也纳新年音乐会"实况。

1991年1月14日，珠江经济广播电台举办长达6小时的除夕特别节目《千里花街珠江情》，报道广州除夕花市盛况。

1991年1月15日，吉林电视台第二套节目开播，结束了建台以来只有一套节目的历史。

1991年1月16日，从国家气象局到中央电视台传输天气预报的光缆线路正式开通，结束了以往靠汽车送磁带的历史。

1991年3月，福建电视台、厦门电视台、广东电视台与香港亚洲电视有限公司的本港台，在厦门联合主办《闽港粤厦门闹元宵》大型文艺晚会，并向闽、港、粤三地现场直播。

1991年3月15日，湖南有线电视台试播。

1991年5月10日，中央电视台音频部首次为日本朝日电视台录制实况立体声录像节目，同时为本土录制兼容单声道的录像带。

1991年6月1日，上海市成立有线电视节目供片站，向全市各有线电视

---

① 苏志武.科技与传播[M].北京：北京广播学院出版社，2000：276.

台(站)供应录像节目。

1991年6月7日和9日,上海人民广播电台《早新闻》节目现场直播南浦大桥浦西引桥合龙和大桥钢梁合龙的情况。

1991年7月1日,中央人民广播电台文艺台调频立体声节目正式开播。

1991年7月15日,沈阳经济广播电台开始试播主持人直播节目,为东北地区第一家。

1991年7月21日,为支援华东人民抗洪救灾,广东电视台举办《风雨无情人有情,广东与你心连心》义演赈灾特别节目,持续8小时40分。

1991年8月19日,四川电视台第三套节目通过东方红331卫星正式向我国全境及朝鲜半岛和东南亚地区播出。

1991年8月19日,佛山人民广播电台开始实行24小时立体声播音,这是我国内地第一家实行24小时播音的广播电台。

1991年9月1日,经李鹏总理批准,中央电视台通过亚洲一号卫星用NTSC制式全天转播第一套节目。覆盖包括台湾在内的我国31个省、自治区、直辖市以及港澳地区。

1991年10月1日,福建有线电视台成立并开始区域试播。这是继湖南省之后,全国第二家省级有线电视台。

1991年10月18日,吉林省利用微波线路开会的新方式——“双向电视会议”,在长春举行开通试传典礼。

1991年12月30日,辽宁人民广播电台对节目设置和广播时间进行重大调整,新闻节目由12次增加到17次,新开办4个版块节目,在省级电台中第一个在综合性频道中采用节目主持人直播的方式。

1991年12月30日,天津人民广播电台文艺台调频立体声102.9MHz(转播中央人民广播电台节目)和99MHz(自办节目)在“天塔”同时开始播音。

1992年1月1日,中央人民广播电台进行第三次节目调整改革,新推出8个版块:科技、知识、生活、经济生活、439播音室、音乐天地、空中大舞台、海外乐坛。

1992年1月1日，吉林人民广播电台文艺台（立体声广播）正式开播，结束了吉林人民广播电台只有一套节目的历史。

1992年3月15日，中央电视台和日本“东海电视”联合对在北京举行的“1992年北京国际女子公路接力赛、中日友好长城公路接力赛”进行实况录像，并通过卫星向日本传送。

1992年，中央电视台现场直播《消费者之友专题晚会》。

1992年5月3日—13日，国务院台办新闻局和中国记协组织的“海峡两岸记者三峡工程联合采访团”从重庆至武汉顺利走完全程，采访活动圆满结束。中央电视台在《天涯共此时》栏目中连续报道联合采访，并通过卫星向台湾地区播出。

1992年7月6日，天津经济广播电台正式播出，节目实现全天版块化，由主持人直播。

1992年7月，福建电视台在第25届巴塞罗那奥运会期间推出奥运系列节目《92奥运午夜直播室》。该节目开创了我国省级电视台开办午夜直播的先河。

1992年8月15日，北京电视台与全国28家省、市电视台为欢迎我国体育健儿从第25届巴塞罗那奥运会凯旋，在京联合举办《圣火》大型文艺晚会，开创了地方电视台晚会向全国现场直播的先河。

1992年8月18日—28日，中央电视台与中国广播艺术团、北京广播学院、中华对外文化交流与合作促进会联合，并与香港电视有限公司、台湾电视公司、新加坡广播局合作，在河北省涿州市中央电视台外景基地，以大型扬州灯会为背景，录制了《中秋月正圆　1992年中秋晚会》。

1992年8月30日—9月4日，为纪念中日建交20周年，日本广播协会和福建电视台、厦门电视台联合制作《厦门，你早》新闻专题节目，并向东京直播。

1992年9月19日，为纪念中日建交20周年，中央电视台首次与日本

NHK电视台合作，在北京劳动人民文化宫举行《中日友好歌会》，电视现场直播通过卫星传送到日本。

1992年10月，上海人民广播电台交通信息台为庆祝开播一周年，租用直升机在市中心的火车站、外滩、南京路、大世界等繁华路段进行了1小时的空中直播，开创了中国内地广播史上第一次从空中（直升机）进行直播的纪录，也开创了中国内地动用直升机从空中观察、疏导地面道路交通的纪录。

1992年12月26日，上海有线电视台正式对外开播。

1993年1月，山西人民广播电台对节目进行大幅改革与调整，以整点新闻为骨干，以8个版块节目为主题，较多地采用主持人直播形式，设立热线电话。

1993年3月，中央电视台第一套节目新闻改革付诸实施，每天播出次数由原来的5次（包括体育新闻）增加至12次，其中除《新闻联播》和《体育新闻》为录播外，其余都为直播新闻。

1993年3月，河北电视台调整节目播出时间，由过去的每天4个半小时增加至9个小时。

1993年3月11日，中央电视台新闻节目滚动播出《保护圆明园遗址刻不容缓》的报道之后，在社会各界引起了较大反响。李鹏总理对中央电视台新闻滚动播出表示满意，说这是符合国际惯例的，也是我国电视新闻向国际水平看齐迈出的重要一步。

1993年3月17日—18日，北京、广东、上海三家电视台合作，现场直播“世界体操单项锦标赛”，开创地方台联手直播世界重大赛事的先河。

1993年5月17日，中央电视台第四套节目的《中国中央电视台新闻》改名为《新闻》，节目时长由10分钟增加至15分钟，当日起除对台港澳地区播出外，同时通过太平洋国际中转卫星向北美地区播出。

1993年7月1日，浙江有线电视台开始播出。

1993年8月1日，中央广播电视塔正式启用。中央电视台对北京地区开路播出的2、8、15频道和北京电视台的6、21频道全部集中由新塔发射。中国国际广播电台对首都地区的5种外语广播当日起用调频立体声播出。

1993 年，福建电视台正式播出图文电视节目。

1993 年，新疆电视台维吾尔语、汉语、哈萨克语 3 种语言的电视节目开始全天卫星播出。

1993 年 8 月 8 日，中央电视台第三套节目通过“中星 5 号”卫星传送向全国播出，播出时间为每天 8:25 至 0:00，节目内容以文艺节目和体育节目为主。

1993 年 8 月 30 日，内蒙古有线电视台试播节目。

1993 年 9 月 13 日，为纪念中日建交 20 周年，天津人民广播电台赴日广播小组一行 5 人在名古屋 CBC 电台进行现场采访和直播。

1993 年 9 月 16 日—25 日，北京电视台台长刘迪一率采访组赴蒙特卡罗采访国际奥委会第 101 次会议活动，并首次采用卫星传送新闻至北京电视台直播。共播出新闻 40 条，时长 105 分钟。北京人民广播电台也同时派出两名体育记者前往采访。

1993 年，河北经济广播电视台建成并正式开播，采用全天 24 小时主持人直播形式。

1993 年，由国家投资 3,000 万元的西藏 602 广播发射台扩建工程经过试运行正式投入使用，增加了广播发射功率。

1993 年 12 月 31 日，由台湾无线微型台 TVBS 主办、中央电视台海外电视中心新闻部与播送中心播送部协办的“两岸经济年终访谈”，采用卫星连线双向传送的方式分别在中央电视台传送中心演播室和台北 TVBS 演播室举行。

1993 年 12 月，连接辽宁、吉林两省的微波电路建成并开通。至此，东北三省的微波电路联网工作最终完成。

1994 年 10 月 1 日，中央广播电视塔正式开放。

1995 年，中央电视台开办卫星加密频道，这是我国最早投入使用的数字电视系统。

1995 年，香港电台成功取得同步直播 Live Real Audio 的技术，与美国

Progressive Network 合作，在香港立法局选举日进行了全球36小时的电台网络直播。

四、1996年—

（互联网的应用——）

1996年12月15日，珠江经济广播电台开办网络广播，成为内地第一家网络实时播出的广播电台。随后，广东人民广播电台其他三个专业频率也开办了网络广播。

1996年12月15日，中央电视台国际互联网站建立并试运行，它是我国最早发布中文信息的网站之一。经过两年多的试运行，于1999年1月1日正式推出。

1996年12月，广东人民广播电台建立网站，通过互联网播出节目，这标志着中国网络广播的正式诞生。

1997年1月4日，北京人民广播电台新闻广播《人生热线》网上专栏《网络人生》正式推出，开创广播热线节目上网之先河。

1998年8月，中央人民广播电台网站注册英文域名 www. cnradio. com 和 www. cnradio. com. cn，并在网上开通中央人民广播电台简介及节目介绍宣传页面。

1998年9月，"九五"国家重大科技产业工程项目"高清晰度电视功能样机的研究"依靠我国的科研力量自主研制了我国第一台高清晰度电视功能样机系统，并在北京进行开路演示，为我国的高清晰度电视系统研究、开发奠定了坚实的基础。

1998年10月1日，上海人民广播电台正式开通上海电台国际互联网站，将上海人民广播电台的新闻、文艺、音乐等节目的声音覆盖面扩大至全世界。

1998年，中央电视台首次利用网络对《春节联欢晚会》进行宣传报道。

在网页中特设虎年贺岁专辑，下设《春节晚会快讯》《精彩瞬间回顾》《98 春节晚会节目单》等版块。网民不仅可以看到文字介绍，也可以看到精彩图片，甚至除夕（1 月 27 日）下午 2 点就可看到晚会彩排（正式直播时间为当晚 8 点）的精彩片段，时长 23 分钟。在晚会直播时，电视屏幕上还不时打出网址和电子信箱地址。

1998 年 12 月 31 日 22:00 至 1999 年 1 月 1 日 0:20，上海电视台和中央电视台共同举办了《五洲风——99 中央电视台国际频道中英双语元旦晚会》，通过卫星及互联网向全球现场直播，这是国内大型综艺晚会在互联网上首次直播。

1998 年，杭州西湖之声电台应用 Live Real Audio 技术实现几乎所有节目的 24 小时网上实时播出。同年，保定调频台采用数字音频技术实现编播网络化，随时播报国内外各种最新信息和音乐节目。

1999 年 4 月 21 日，中央人民广播电台第二套节目《网络时代》首次在互联网上同步直播。

1999 年 10 月 1 日，我国使用自主研制的 3 套高清晰度电视系统（HDTV）进行中华人民共和国成立 50 周年庆典活动的高清晰度电视实况转播实验。这是我国首次进行的高清晰度电视实况转播。

2000 年 5 月 30 日，随着“5lgo”（www. 51go. com）网的诞生，中国第一个网络虚拟主持人在网上亮相。

2000 年 6 月 14 日，全国政协主办的“21 世纪论坛”会议开幕。网站记者与广播记者一道，对大会进行全程跟踪报道，同时推出“21 世纪论坛”专题站点。这是中央人民广播电台网站第一次专门派出记者采访重大报道。

2000 年 8 月，中央人民广播电台网站实现全台第一、二、三套广播节目在线实时直播，《新闻和报纸摘要》《新闻纵横》《午间半小时》《中国民歌歌曲榜》《中国流行歌曲榜》5 个重点节目具有在线点播功能。

2001 年 3 月 23 日，中央人民广播电台《医药咨询台》节目和网站联合推出的《世界防治结核病日》特别节目开播。中央人民广播电台网站对该节目进行网上音视频直播。这是网站第一次进行网上音视频直播，也是广播、网络第一次进行互动直播。

2001 年 7 月 1 日，全国有线电视台与无线电视台合并工作全部完成，开始使用新的台标、呼号，并调整了节目设置。

2001 年 7 月，国家广播电视光缆干线网正式投入运行。

2002 年 5 月 25 日，我国首位网络互动电视虚拟主持人“江灵儿”在“2002 中国西部国际博览会”上亮相，标志着中国网络互动电视台进入实际应用阶段。

2002 年 6 月 25 日，国家广播电影电视总局面向全国发出《卫星电视节目应急播出 1 号预案》，并制定中央卫星电视节目应急播出 2 号和 3 号预案。

2002 年 7 月，全国省级电视台公共频道全部开播，部分市、县已开始实施公共时段的节目插播工作。

2002 年，网易娱乐、文化、女性三个频道联袂推出《2002 年虚拟春节联欢晚会》。这台晚会用网络文字、Flash 动画、声音和图画等形式对中央电视台的晚会模式进行了一次小小的“颠覆”。

2003 年，北京一位名为“胖大海”的网络播客通过一些搞笑视频和评论类视频在网络上爆红。他是中国内地最早通过个人电脑录制音频节目的播客，他制作的网络 Flash 动画系列节目《有一说二》在 2006 年被“2005 年度中文播客评选”评为“最受欢迎播客”“最佳谈话播客”和“最佳娱乐音频播客”。而胖大海本人也因此被凤凰卫视、湖南卫视和北京电视台报道，并于 2006 年 2 月受邀在北京卫视金牌栏目《第 7 日》中做《7 日播客》节目，成为以播客身份正式进入主流媒体的第一人。

2003 年 5 月 1 日，中央电视台新闻频道开始试播。

2003 年 11 月 3 日，商业门户网站 TOM 的视频新闻节目《大话新闻》开播，成为最早具有网络脱口秀雏形的节目。

2003 年 11 月，青岛市率先启动有线数字电视整体转换，开启数字娱乐时代。

2004 年 5 月 18 日，网络脱口秀节目《大话新闻》在中央人民广播电台第四套节目《都市之声》落地播出，成为中国第一个在传统媒体成功落地的网络节目。

2004 年 5 月 20 日，利用专业网站平台播放专业电视节目的重庆网络电视台开播。

2004 年 5 月 31 日，中央电视台正式开办央视网络电视，依托中央电视台节目内容，每日更新，通过互联网为用户提供视频点播服务。

2004 年 8 月，北京达人文化公司与腾讯网合作推出新锐网络电台(Show Radio，意为“广播秀”)，旨在借助腾讯聊天软件 QQ 的庞大用户群迅速扩大网络电台听众群。

2005 年 4 月 15 日，我国首个视频网站土豆网正式上线。

2005 年 4 月 20 日，电视节目女主持人李静与新浪 UC 合作，在新浪 UC 视频聊天室推出国内第一档网络视频互动栏目——《静距离》。这是国内第一个电视节目主持人在网络中开设语音、视频的现场脱口秀节目。

2005 年 4 月 30 日，国家广播电影电视总局发放首张 IPTV 牌照给上海电视台，批准其经营以电视机、手持设备为接收终端的 IPTV 传播业务。

2005 年 5 月 17 日，哈尔滨网通正式推出 IPTV 业务。

2005 年 7 月 11 日，上海文广新闻传媒集团所属的“SMG 手机电视台”正式开播，标志着中国内地首个由传媒机构全程提供语音内容支持、通过无线通信网络实现语音资讯实时或延时互动样式的诞生。

2005 年 7 月 28 日，中央人民广播电台开办银河网络电台，实现固定网、移动网、广播网络三网合一。

2005 年 10 月 15 日，青岛市举行优先电视数字化整体转换竣工仪式。青岛市是中国第一个成功实施优先电视数字化整体转换的城市。同日，国家 863“十五”专项——高性能宽带信息网互动电视业务开通。

2005 年 10 月 19 日，经国家广播电影电视总局批准，全国第一家广播分台——辽宁人民广播电台大连分台开播。

2006年1月26日，由新浪网、中国网、大河网、网库黄页四家网站联手主办的《2006全球华人网络春晚》播出，这是我国首届真实的网络春晚。主持人是谢娜和迟帅。

2006年2月27日，中国国际广播电台肯尼亚内罗毕调频电台正式开播。这是中国在境外建立的首座调频电台。

2006年4月27日，经国家广播电影电视总局批准，中央电视台获得以计算机、电视机、手机为终端开办信息网络传播视听节目业务的许可，全面进军网络电视、IP电视、手机电视等新媒体视听领域。

2006年4月，中央电视台宣布成立网络传播中心和央视国际网络有限公司，并对"央视国际"(CCTV.com)进行全面改版。至2006年12月，中央电视台12套节目全部实现了网上同步视频直播，并提供近400个电视栏目的主要内容网上点播；网站还创办了英语、西班牙语、法语和面向台湾地区的频道，向全球推送中央电视台外宣节目和对台节目。央视国际开创的台网联动、建立网络联盟、开辟电视明星播客等手法，为电视媒体发展网络广播电视打开了一条新思路。其中"网络视频联盟"在《2007年春节联欢晚会》、两会、十七大报道活动中发挥了重要作用。2007年12月18日，央视国际获得国际奥委会授权，成为北京2008奥运会官方互联网、移动平台转播机构。除央视国际外，地方电视台在开办网络电视方面也取得了新的进展。

2006年8月29日，国家广播电影电视总局批准中国国际广播电台在互联网上开办视频点播、在移动通信网上开办手机广播、在IP电视试点地区开办视频点播等业务。

2006年10月26日，国家广播电影电视总局颁布了自主研发的移动多媒体广播行业标准。该标准用于规范面向各类移动便携式终端提供广播电视节目信息服务、开展移动多媒体广播业务的行为。它的实施填补了广播电视在移动接收服务方面的空白。

2006年12月11日，中央电视台手机电视正式开通，观众能收看CCTV-1、CCTV-2等8个频道同步播出的电视节目。

2006 年，中国的播客迎来了爆发式的增长。这一年中，不但大大小小的播客网站如雨后春笋般出现，国内的主流媒体也纷纷涉足播客领域。首先，中央人民广播电台于 2006 年 3 月 1 日改版时加入了播客元素；其次，中央电视台国际网站开通了播客频道；最后，在年底，中国的权威门户网站新浪网继成功推出博客业务之后，也开通了播客频道。

2007 年 1 月 9 日，苹果公司发布第一代 iPhone。次年 7 月，App Store 上线。

2007 年 1 月 12 日，搜狐出品的综艺娱乐节目《大鹏嘚吧嘚》和网友见面，该节目自上线以来为网友奉献了 500 多期节目，节目累计点击量破 10 亿，单期访问量过百万，被称为“中国互联网第一档网络脱口秀节目”，主持人大鹏也获封“互联网第一主持人”称号。

2007 年 2 月 17 日，首届《播客春晚》向全球进行了 24 小时联播，并于春节期间(2 月 17 日～25 日)持续对节目进行为期 7 天的展播，参展节目超过 330 个，其中各界明星名人参演节目超过 120 个。

2007 年 4 月 18 日，由上海东方宽频与人民网合作建设的“人民宽频”举行开播仪式。“人民宽频”是在人民网已有的视频嘉宾访谈、电视节目资源基础上，整合上海文广新闻传媒集团的节目资源全新改版而成。

2007 年 7 月 9 日，优酷网获得国家广播电影电视总局颁发的“广播电视节目制作经营许可证”，这是其继获得经营视频网站必须持有的“信息网络传播视听节目许可证”之后所获的又一许可证，意味着优酷网拥有制作视频节目和发行的资格，这在所有的视频网站中是首开先河的。

2007 年 8 月，全国各地各有关部门按照中央统一部署，基本完成了转星调整任务，实现了既定目标。此次转星调整将原有的 6 颗卫星上传输的中央和各省广播电视节目全部转到鑫诺 3 号和中星 6B 上，原鑫诺 1 号卫星上的电视节目和广播业务数据全部转到亚太 6 号卫星 Ku 频段转发器上。与此同时，全国共调整了 2,000 多万地面卫星接收设施。

2007 年 9 月，全国卫星模拟电视节目频道全部关闭，此举标志着中国广播电视节目卫星传输正式进入全数字时期。

2007年10月5日，中国移动多媒体广播(CMMB)在青岛实验成功。青岛成为全国8个试点城市中第一个实验成功的城市。中国移动多媒体广播是一套面向手机、PDA、MP4、数码相机、笔记本电脑等多种移动终端的系统。

截至2007年12月，除青海电视台外，我国30个省级电视台网站开设了音视频频道或栏目，25家网站提供网络电视直播业务。比如，上海文广的“东方宽频”、湖南广电集团的“金鹰网”、广东电视台网站、海南广播电视台的“视听海南”、四川广电集团的“神韵在线”、辽宁电视台的“七星电视网”、山西广电总台的“山西视听网”等。

2007年12月18日，中央电视台正式与国际奥委会签约，宣布中央电视台新媒体平台CCTV.com成为北京奥运会官方互联网、手机转播机构，CCTV.com成为唯一一家拥有中国内地和澳门地区奥运新媒体转播权的机构。

2008年1月1日，中央电视台高清频道在北京地区首播。

2008年5月1日，中央电视台高清综合频道正式开播。该频道采用拥有自主知识产权的地面数字电视国家传输系统标准，标志着中国高清数字电视发展阶段的到来。

2008年6月9日晚8时15分，中国在西昌卫星发射中心用“长征三号乙”运载火箭，成功将“中星9号”广播电视直播卫星送入太空。该卫星采取不加密方式传输广播电视节目，承担中央和省级广播电视节目对广大农村地区的覆盖任务，特别是解决20户以上自然村通广播电视的问题。此举开启了中国的直播卫星时代。

2008年8月，中国移动多媒体广播手持电视借北京奥运会热潮风靡一时。

2008年9月，谷歌发布Android 1.0系统。

2008年12月4日，国家广播电影电视总局与科技部签署下一代广播电视网(NGB)自主创新合作协议。

2009年1月7日，工信部为移动、电信和联通发放3G牌照，中国正式进入3G时代。

2009年2月12日，中国移动多媒体广播上海商业运营启动合作签约仪式在上海国际会议中心举行，由国家广播电影电视总局自主研发的中国移动多媒体广播电视正式转入商业运营。

2009年2月28日，全国两会前夕，中共中央政治局常委、国务院总理温家宝通过中国政府网和新华网首次与全球网民进行在线文字与视频交流。全球网民的提问和留言涉及医疗、教育、就业、住房、“三农”等民生问题，金融危机与经济形势，国际关系与对外交往，甚至还包括总理的有趣的生活细节。这次网络交流共收到数十万个帖子的提问和留言，以及数万个手机用户的信息反馈。

2009年5月20日，湖南卫视国际频道在香港地区正式开播，这是经国家广播电影电视总局批准、内地卫视开办的第一家国际频道。

2009年9月28日，国家广播电影电视总局批准的第一批高清同播频道——中央电视台综合频道、北京卫视、黑龙江卫视、上海东方卫视、江苏卫视、浙江卫视、湖南卫视、广东卫视、深圳卫视如期播出，中国电视真正步入高清时代。

2009年12月28日，中国网络电视台(China Network Television，简称CNTV)开播。该台是依托中央电视台在央视网基础上创办的国家网络电视播出机构，是以视听互动为核心、融网络特色和电视特色于一体的全球化、多语种、多终端的公共服务平台，已建成5个海外镜像点，覆盖欧洲、北美洲、东南亚、中东等地区。

2010年1月，国务院推进三网融合。

2010年1月28日，中广传播公司启动“睛彩中国”业务，同时宣布全国30个省(自治区、直辖市)280个城市正式加密运营，标志着移动多媒体广播电视发展进入新的阶段。

2010年2月6日，由北京电视台、新浪网和中国移动共同打造的《首届北京电视台网络互动春节联欢晚会》与网友见面，由电视、网络和手机三大平台共同播出，连播7场。同日，由第一视频等网站主办的《风景这边独好·春网开元》网络春晚在网络播出，由于有11个机位的画面和主画面同时播出，网民可以自由切换，从不同视角欣赏晚会，还可以切换到后台看演员花絮。2月11日，天涯社区主办第四届《天涯春晚》。同年，南海网、华声在线和搜房网等网络媒体也都加入《网络春晚》，推出了各具特色的节目。因此，有媒体将2010年称为“网络春晚元年”。

2010年3月24日，国家广播电影电视总局正式向中国网络电视台(CNTV)颁发第一张互联网电视牌照，随后形成7张OTT(Over The Top) TV牌照的格局。

2010年4月1日，国家广播电影电视总局发布了《互联网视听节目服务业务分类目录(试行)》，此目录对互联网视听节目服务业务进行分类管理，但不含IP电视、互联网电视、手机电视的业务分类。

2010年5月1日，西藏拉萨人民广播电台(FM91.4)正式开播，至此，全国省会城市全部拥有人民广播电台。

2010年5月21日，安徽人民广播电台旗下的安徽网络电台开播，这是全国首家省级网络电台。安徽网络电台利用安徽人民广播电台既有的9个频率，开设了新闻、综艺、音乐、科教、旅游、健康时尚、戏曲、英语8个频道，先期推出新闻、综艺、音乐、旅游4个频道，并通过音频、视频、图文、动漫等多媒体播出形式和论坛、聊天、留言、点评等多样化交流平台，使网络与电台两种媒介优势互补，实现宣传效果最大化。

2010年5月31日，北京广播电视台成立。该台由北京人民广播电台、北京电视台、北京北广传媒集团组建而成。北京广播电视台业务范围涵盖广播电视的采编、制作、播放、传输以及新媒体开发等领域。

2010年6月6日，国务院副总理张德江主持召开国家三网融合协调小组会议，通过了试点方案。试点方案明确了广电负责IP电视集成播控平台建设管理,包括电子节目指南计费管理、通过有线网开展完整的互联网接入、数据传送及IP电话业务。

2010年6月28日,湖南广播电视台成立。该台对所属省级广播电视媒体实行“统一宣传、统一人事、统一财务资产、统一营销、统一技术”的管理模式。

2010年6月30日,国务院办公厅公布第一批三网融合试点地区(城市)名单。北京市、辽宁大连市、黑龙江哈尔滨市、上海市、江苏南京市、浙江杭州市、福建厦门市、山东青岛市、湖北武汉市、湖南长株潭地区、深圳市和四川绵阳市被列为第一批三网融合试点地区(城市)。

2010年7月27日,中央电视台频道制改革启动。新建海外传播发展中心、大型节目制作中心、节目采购中心、广告经营管理中心、发展研究中心共5个中心,涉及重组和新建的频道有6个,包括综合频道、文艺频道、“戏曲·音乐”频道、电视剧频道、科教频道、社会与法频道。

2010年7月29日,山东广播电视台成立。该台由山东人民广播电台、山东电视台和山东有线电视中心组建而成。

2010年8月9日,中国广播电视网络公司筹备组召开第一次会议,研究国家广播电视网络公司组建的诸项问题。

2010年8月底,中央人民广播电台获得国家广播电影电视总局批准成立“央广广播电视网络台”(CNBN),中国国际广播电台获准开办“中国国际广播电视网络台”(CIBN)。至此,中央级三台全部获准建立网络广播电视台。

2010年9月2日,国家广播电影电视总局印发《关于进一步促进和规范高清电视发展的通知》,要求从2010年9月28日起,同播的高清频道高清解码同播率和高清播出率必须高于70%,同播的高清频道黄金时段(18:00—23:00)所有节目必须全高清播出。

2010年9月5号,“鑫诺6号”通信广播卫星在西昌卫星发射中心成功发射升空。

2010 年 12 月 23 日，安徽广播电视台成立。该台由安徽人民广播电台、安徽电视台、安徽广播电视传输发射台、安徽广播电视报社组建而成。

2011 年 2 月 3 日，首届《中央电视台网络春晚》拉开帷幕。从大年初一至初六，每天 19:30 由中国网络电视台播放。

2012 年元旦，中央电视台与北京、上海、天津、江苏、深圳电视台联合推出我国首个 3D 电视频道。

2013 年，三大通讯运营商围绕 4G 的营销大战开启。

2013 年 5 月，乐视发布超级电视，小米电视随后在当年 9 月发布。

2014 年 1 月 8 日，北京网络广播电视台 BRTN 全球上线。北京网络广播电视台是北京广播电视台旗下“以宽带互联网、移动通信网等新兴信息网络为节目传播载体的新兴形态广播电视播出机构”，依托北京广播电视台旗下 18 家单位的优质资源，聚合北京电视台所有王牌栏目和独家内容，与受众建立起互动分享的沟通渠道，提供时时伴随的定制化服务。

2014 年 4 月，湖南广电宣布“芒果独播战略”，有媒体称之为“传统电视台向互联网打响第一枪”。

2014 年 5 月 28 日，中国广播电视网络有限公司挂牌成立。

2014 年 6 月 27 日，工信部向中国电信、中国联通发放 4G 牌照。

2015 年 9 月 3 日，借助直播卫星，国航 CA1369 航班乘客在空中成功收看纪念中国人民抗日战争暨世界反法西斯战争胜利 70 周年阅兵式电视直播。

2015 年 9 月 10 日，新款 Apple TV 发布，艾迪 · 库伊表示，基于应用的电视体验就是未来。

2015 年 10 月 16 日，阿里巴巴宣布收购优酷土豆网，至此，百度、阿里巴巴、腾讯三大互联网巨头全面介入视频产业。

2015 年 11 月 18 日，中央电视台 2016 年广告招标，称“总额稳中有增”，不再公布总金额。

2016 年 1 月，国家新闻出版广电总局下发《关于进一步加强电视上星综合频道节目管理的通知》，从节目数量、节目内容、播出时间等方面对未成年人参与的真人秀实行调控。

2016年2月，国家新闻出版广电总局党组会议明确将700M频段划给国网，同时成立中广移动，并由其负责700M频段的运营。中广移动由国网以700M频段入股，中信集团旗下的中信国安出资20—30亿元人民币入股的形式成立，同时中广传播并入中广移动。

2016年3月，2016有线数字电视运营商国际峰会召开。

2016年3月全国两会期间，广东广播电视台的全媒体融合探索开拓了传播报道的渠道，提高了新闻传播的时效性，达到了预期传播效果。对此，《参考消息》、新加坡《联合早报》等知名媒体及多家网络媒体提炼总结出全媒体传播"弯道超车""两会新气象"等标签词汇，高度评价作为地方媒体典型代表的广东台的表现。同时，《广东新闻联播》在"人民网一泽传媒"大数据融合力榜单中的表现，也折射出广东台在全面落实媒体融合工作及党的新闻舆论工作座谈会讲话精神等方面取得的进展。

2016年4月19日，网络安全和信息化工作座谈会召开。中共中央总书记、国家主席、中央军委主席、中央网络安全和信息化领导小组组长习近平在京主持召开网络安全和信息化工作座谈会并发表重要讲话，强调我国网信事业发展要在践行新发展理念上先行一步，让互联网更好地造福国家和人民。

2016年4月19日，中国广播电视网络有限公司与河北广电信息网络集团股份有限公司在河北石家庄市签订战略投资协议，共同推进中国广播电视网络有限公司拥有的有线、无线、卫星及数据宽带等资源和相关多媒体业务在河北落地实施，共同打造广电信息网络产业发展新模式。这标志着全国有线电视网络互联互通平台建设、全国有线电视网络整合及全面推进三网融合战略迈出突破性一步。河北广电信息网络也成为第一家与国网签署战略投资框架协议的省级广电网络信息集团。

2016年9月9日，国家新闻出版广电总局下发《关于加强网络视听节目直播服务管理有关问题的通知》，再次向直播行业打出一记"重拳"。通知规定直播平台必须“持证上岗”，并且在开展直播活动前要将相关信息报属地省级以上新闻出版广电行政部门备案。另外，未经批准，任何机构和个人不得在互联网上使用“电视台”“广播电台”“电台”“TV”等广播电视专有名称来开展业务。

2016年10月19日，新华社播发“特约记者太空日记”。神舟十一号载人飞船在轨运行期间，两位航天员景海鹏和陈冬首次以“新华社太空特约记者”身份持续发回报道，形成全媒体形态系列报道产品“新华社特约记者太空日记”。

2016年11月4日，国家互联网信息办公室发布《互联网直播服务管理规定》，旨在重拳整治网络直播乱象，促进网络直播健康发展。

2016年11月15日，第三届世界互联网大会在浙江乌镇召开。这次大会集中展示了中国互联网发展成就和一批全球互联网创新技术成果。

2016年11月15日，中国广播电视网络有限公司发布《中国广电“TV、宽带、无线”全业务融合建设运营规划》。

2016年11月25日，中共中央宣传部、财政部、国家新闻出版广电总局向各省、自治区、直辖市党委宣传部、财政厅（局）、新闻出版广电局联合下发《关于加快推进全国有线电视网络整合发展的意见》。意见要求结合市场运作和行政推动，到“十三五”末期，基本完成全国有线电视网络整合，成立由中国广播电视网络有限公司控股主导、各省级有线电视网络公司共同参股、按母子公司制管理的全国性股份公司，实现全国“一张网”。

2016年12月14日，湖南卫视宣布《2017跨年演唱会》将以12月31日晚芒果TV会员优先观看直播、1月1日晚湖南卫视播出的形式向观众呈现。

2016年12月19日，国务院正式发布《“十三五”国家战略性新兴产业发展规划》。其中的重要任务之一是推进三网融合基础设施发展，推进全国有线电视网络整合和互联互通，加快构建下一代广播电视网。至此，推进全国有线电视网络整合和互联互通平台建设上升到国家战略层面。

附录 2　专家访谈录

一、方明访谈录

时间:2016 年 3 月

地点:教育部

人物:中央人民广播电台播音指导 方明

谈话内容:

嘉宾:我是学无线电的,在北京广播学院前身——技术人员短期训练班学了两年还没毕业时,训练班的领导把我和另外几个同学叫到一块儿,说广播大楼建成了,你们马上去参加工作搞录音。我学过发射,录音过程当中跟播音员接触比较多,有时候也给他们挑挑毛病。当时的播音组从粉楼搬到大楼之后,播音室多了,节目也多了,播音员人手不够,林田就给梅益打了个报告,说请求在本台职工中选一些播音员,梅益马上同意了,因为从本局职工当中选播音员,不需要另外去申请编制。试了三四十个人,最后我被选中了。

为什么能当播音员?第一,我是北京人,算是书香门第,家里对说话的要求比较严。不能随意,不能带脏字。第二,1950 年 6 月 25 日朝鲜战争爆发,10 月 25 号中国志愿军出国,抗美援朝、保家卫国、支援前线,每天报纸一送来人们就抢,孩子也一样,关心志愿军叔叔打下多少架美国飞机,消灭多少敌人。学校只有一份报纸，老师就让我给大伙儿念。到了初中，我们老师不仅“教文”也“教语”，要求我们像电台播音员一样去读读课文，像李连生、张桂兰读电影前的新闻简报那样去读课文。我们课外看很多苏联小说，你对哪一段最感兴趣就在班里给大伙儿读。我不仅看课外书，还参加兴趣班，参加一个物理小组、一个幻灯小组。中学没有电影机，每星期六下午放幻灯片，我经常去给大伙儿念词，现场解说，无形中锻炼了朗读能力。第三，我搞了两年录音，接受了两年艺术的熏陶。我从1958年开始录音，录过播音员的新闻、通讯、朗诵等，录过文艺节目包括独唱、独奏、合唱、合奏、交响乐等，录过曲艺节目包括山东快书、北京评书、四川清音等。有时到播音间来录，有时到剧场去录；有的现场串词，有的回播音间录串词，后期合成。1960年4月，单位把我调到播音组，我只是初中文化水平，学了两年无线电，没学过播音。到播音组以后，齐越、夏青、林田、潘杰、费继平、葛兰、林如、王欢、陆倩、马尔方都做过我的老师，我是他们一字一句带出来的，他们和我说过很多话，有三句话我记得最清楚：

第一句，齐越老师讲：“要玩儿真的。”用真实的思想感情对待每一篇稿件，平常注意积累生活经验。不仅到农村参加劳动，还到天桥听人家怎么说评书、相声、木偶剧……带着节目到工厂、部队给人家听，回来再修改，使自己面对听众有对象感。第二句，夏青老师讲：“要真正感觉到。”20世纪60年代，在人民大会堂总理握着夏青的手说：“夏青，像你这样的播音员全国有几个，你们要培养接班人啊。”夏青老师给我们讲怎么播政论性文章，表面看懂还不行，背后要了解很多事情，这样才是实事求是的，结论也水到渠成。备稿常常需要一个礼拜，包括阅读、欣赏，读到理解透彻，把意思搞明白。第三句，林如老师讲：“要处理好句子，出意思。”不看稿怎么能处理好句子？而且有时好几个句子凑到一块儿说一个意思，甚至一句话好几个短句，怎么把意思说清楚？播音员的声音转瞬即逝，不能让听众边听边琢磨意思，任何形式都要为内容服务，这是我们的责任。这三句话指引我走过半个多世纪。

我播音的题材上有新闻、通讯、记录新闻等。播记录新闻时长句子念三遍,短句子念两遍,因为各个台不可能每天都拿到报纸,也没有那么多录音机,只能让专人记下来以后传达。报摘是到了播音组一年后开始播的,有直播,但大部分是录播。“文革”开始后,陈伯达害怕播音员在话筒前胡说八道,要求录播,那是1966年的11月。后来经过1967年的“1月风暴”,播音时用高调门,把嗓子喊坏了。以前播上万字不累,那时播两千字就累。后来练咽音、呼吸,使上下贯通,减轻嗓子负担,声音有亮音了。咽音是聂中明和林俊卿在火车上研究出来的。

当时的话筒本身还是不错的,有动圈话筒、履带话筒、电容话筒三种。播音员用动圈话筒,也用电容话筒,播音时要求播音员距离话筒30厘米以上,这样声音比较柔和、清晰,离得近有时气流会冲击话筒。特别难录的是四川的川剧和江西的弋阳高腔,它在道白过程当中突然就唱起来了,有时话筒位置摆得不合适,声音就破了,所以摆放话筒位置是比较讲究的,一定要稍微斜一点。

有时也捅娄子,直播就改不了了。夏青说每天看三页字典,把内容放第一位。罗荣桓去世,夏青播5,000字大讣告播得很好,调子低低的,悲痛状。有一次临时叫我替班播报摘,早上四点半起床,五点到班,播完报摘又播了两个专题。十点多快十一点下早班了,开班后会总结这个班的工作,有什么问题,需要做哪些改进……突然又来电话,说中午十二点半播新闻的男生没有,谁来帮个忙吧。“我去。”我自告奋勇,跟亚坤播。新闻里有一条罗荣桓去世的后续消息——安放骨灰,我说我来播,我要像夏青那样播,调子低低的、慢慢的,悲痛状。亚坤第一条,我第二条,播着播着就搞不清谁死了。有一句话:“罗瑞卿同志从罗荣桓同志家属的手里接过罗荣桓同志的骨灰盒,安放到罗荣桓同志的灵台上……”长句子,都姓罗,我播成:“罗瑞卿同志从罗荣桓同志家属的手里接过罗瑞……”卿还没出来,赶紧又从头来。结果,十五分钟新闻还没完,外边电话就开始响,来了五六个电话,包括云南发射台都来电话了,问方明怎么这么重要的消息都播错了。我回来大会小会上做检查,反思主观原因、客观原因、思想根源、历史根源。那个时候社会政治气氛很浓，播音员是不能出一点差错的。后来夏青、林田、齐越就说："你想想，播的时候想什么了？""哦，我想的是夏青。"那些都是形式，没有为内容服务，所以内容永远是第一位的。从那以后，我老老实实看稿，私下可以做各种形式的演习，但对着话筒就想内容。从此以后，播音就很少出错了。

当下热衷于西方大众传播学，对我们党的马克思主义新闻观讳莫如深，这是危险的。一旦出现动乱、战争，我们的新闻工作者如何把中央的精神牢牢掌握住，告诉给广大听众，这个问题如果不注意，我们新闻工作者将来会很危险。媒体一乱，人民的头脑也乱了。新闻工作者必须要记得我们是党的喉舌。"走转改"，老一代播音员就是这么做的。比如，穆青写焦裕禄，他在兰考住了几个月，每天流着泪听贫下中农讲焦裕禄的故事，流着泪写通讯，写完又开了几个座谈会给大家念，之后发表，流着泪在音乐厅给我们做报告，齐越老师是流着泪播的，广大听众也是流着泪听的。新闻工作者需要把中央的精神用老百姓听得懂的语言解释清楚，同时真正了解老百姓有什么困难、需求，把这些困难、需求反映给中央，这样才能真正发挥党和老百姓之间的纽带作用。

记者：谢谢方明老师！

二、李栋访谈录

时间:2016 年 3 月

地点:中国传媒大学

人物:中国传媒大学广播电视工程学院教授 李栋

谈话内容:

记者:技术和播音主持有什么关系?

嘉宾:播音形态的发展得从有广播开始算起,一直到现在,播音随着技术的发展而发展,这二者肯定有很大的关系。

有些技术对播音是有直接作用的,比如提示屏、延时器、返送耳麦等。比如电视,过去没有提示屏的时候,(播音员)怕错,老得低头看。后来有了提示屏,发挥了很大作用:使播音员播音准确、自然、避免差错。比如延时器,直播时要是突然有不适合传播的言论,导播可以当即切断,保证安全。再比如返送耳麦,播音的时候能听到导播的各项指令。

记者:是否有些节目制作技术的进步对播音主持的影响很大,比如录音机、录像机的应用?

嘉宾:有些技术先与节目制作有关,再影响到播音主持,所以播音形态与节目制作二者的关系需要理顺。

过去直播没有录音机,一条新闻播一次下次还得播,录音就可以反复。录音机的好处是节目事先做,错了掐掉重新录。剪辑嘛,做的是精品,没有错误。

之前属于初级阶段,比较粗放、简单,现在质量要求不一样。一开始办广播时话筒都是简单的,就一种,不像现在,不同种类的话筒都有,在什么场合下用什么话筒,都不一样。还有立体声节目。立体声广播偏重于音乐,原来是单轨,再后来左右有两个话筒,也就是左信号是一个音轨,右信号是一个音轨。现在制作上是多轨道:24 个轨道、48 个轨道。很多话筒布置在不同的地方，一个话筒就是一个声道。

记者:卫星和数字技术是不是提高了节目传输能力?

嘉宾:卫星广播有利于传输素材、交换节目、节省人力。光纤传输的信息量大。演播室现在多少路都能引进，接收其他地方的报道，这都是属于节目的交换问题。

数字广播把传输质量提高了，节目套数增加了，频谱利用率提高了，当然还有其他一些优点有利于声音传播质量的提高。数字广播先把模拟变数字，然后又把数字变模拟，传输的质量高了，发射机功率可以小，节约频储，节约功率。采取一些措施，干扰小了，有干扰可以消除。原本的声音和图像都是模拟的，播音员要通过话筒将声音变成模拟的电信号，视频要通过摄像机先变成模拟的图像信号、视频信号。模拟的声音信号、视频信号变成数字信号，传输到接收机那一端最终还得变成模拟的音频、声频、图像。喇叭的输入信号是模拟的电信号，相当于话筒输出的信号还原出来了，所以数字化是中间的处理方式。

记者:虚拟演播室的发展带来什么?

嘉宾:虚拟演播室的节目制作，过去是蓝背景抠像，不用做实景，节省人力物力，给节目制作本身带来好处。现在说的这种蓝箱也不需要实景，不需要到现场去拍，用电脑将一些已有的资料进行处理，就能显示出需要的效果。

记者:您怎么看互联网技术带来的变化?

嘉宾:广播电视是一种形式，互联网承载的内容可以是文字、图像、声音，都是音视频信息。互联网传递信息是数字的，音视频都可以变成数字的，变化是如何使用网上传输。网络有它的协议，但是传的东西、运的“货”还是声音、图像和文字。比如“中国传媒大学”本来是五个字，但是我通过编码把它变成数字的，一组一组，什么代表“中”，什么代表“国”，一解码就还原出来了，声音、画面也一样。互联网是一种媒介，是传播的一种方式、一个运载工具。原来网速慢、传输速率慢、用时长，甚至不能实时。现在几秒钟下载一个大片，慢慢看。这些模拟广播做不到，数字广播也没有那么大的能力。随着技术提高，北京2020年要推出5G手机，开辟商用，那装的东西就多了，节目也可以更多。传播又有新途径了，不光靠传统媒体，还有新媒体。

现在的主持人不像过去就是“说”，还可以当编辑。过去只是念稿子，别的什么都没有；现在他什么都做了，像很多音乐台主持人就有很多内容可以操作。

记者：谢谢李栋老师！

三、卢静访谈录

时间:2015 年 5 月 4 日

地点:中国传媒大学

人物:中国传媒大学播音主持艺术学院教授 卢静

谈话内容:

记者:您觉得技术的变化对您播音的状态有影响吗?

嘉宾:技术的变化包括很多方面,像黑白电视、彩色电视、数字电视一步步发展,还有过去的摄像机、提示器、电视、话筒等变化很大,可以说对播音有着直接的影响。比如话筒的变化,当初我们使用的动圈话筒指向性很强,不灵敏,导致播音员、主持人需要提高声调,吐字集中。

记者:您刚工作的 20 世纪 80 年代电视还是用胶片拍摄的吗?

嘉宾:一开始用胶片拍新闻,需要冲洗,不仅摄影记者得一次性通过,配音也不能重来,播音的功底就是这样打下来的。我 1983 年毕业到台里,刚去时还有胶片,但已经很少用了,赶上使用胶片的后期,很快技术就发生变化了。好像是从 1984 年开始,应该是改革开放的原因,一下就变了,索尼等录像机全都有了。我记得当时有一个朋友,妈妈是美国人,爸爸是中国人,把机器卖给中央电视台,那时就开始进口国外的机器了。

记者:当时新闻演播室是什么状况?

嘉宾:其实你可以从 20 世纪 50 年代起开始了解,因为社会变化、技术变化是从那时起一步步展开的。回想起来演播室很简陋,背景抠像,过去的灯光不是冷光源,烤得人汗流浃背,演播室条件不好,夏天只有一个抽风机,背景是一个帘子,像百叶窗,风一吹还晃动,衬着播音员背景显得"死",面光什么也没有,大白脸。服装也不讲究,都是自己的衣服随便穿,改革开放以后才注重形象。

记者:录播的状态怎么样?

嘉宾:听说20世纪50年代是直播,那时没有录像机,必须直播,所以那时新闻很少怕出错,可以放纪录片新闻简报。后来有录像机了,新闻开始录像,但是有时很急,老台条件差,特别是头条有时来不及录像。有时录得特别晚,这边刚录完,编辑就要送到播出线上,经常"摔大跟头"。20世纪90年代又开始恢复直播。

记者:录像到播放的流程是怎样的?

嘉宾:国际新闻是下午编辑把片子编好、翻译好了看着画面配;地方新闻是各地方台自己配好传过来的;时政新闻事先编完马上配,有时候边编边配。串联是在演播室录的,录完插进去。前一刻钟先送上去插在机器里播着,后面再陆续编好送上去。基本是六点多开始,头条经常差几分钟才送来,这样就比较紧张,配完了赶快插上去。

记者:电视画质的提升对于播音员、主持人的创作尤其是形象塑造方面有哪些影响?

嘉宾:我与电视很有渊源。20世纪五六十年代全国才有50多台电视机,我们家碰巧有一台苏联造的黑白显像管电视机,印象中有芭蕾舞等文艺表演。20世纪70年代,我们家有一台北京牌显像管黑白电视,全楼都来我家看电视,主持人有刘佳、赵忠祥、沈力。那时的画面不清楚,主持人眼睛大、化妆浓。后来有9寸显像管黑白电视,需要调整天线,图像不清楚但有轮廓。对播音员的印象是眼睛黑洞洞的,但我们都觉得很漂亮,衣服讲究,但看不清颜色,只知深色浅色,发型都是烫头,像老画报上面一样。赵忠祥的西装、中山装都很讲究。20世纪80年代进入电视台,播音组长刘佳把我领到化妆台前,叫我自己化妆。我面前是一个油彩盒子、12支油画毛笔、一罐卸妆用的大凡士林膏。化妆是从舞台化妆技法学来的,很浓厚,粉底特别白,有刺痛感,油腻,化得像戏装。而且演播室不是冷光源,烤得发热,含铅量高,凡士林膏用凉水卸不干净。刘佳、李娟用纱布蘸胶水抹在眼皮上再上妆,眉目清晰。后来电视能看出颜色来了,特别是1984年,徐晶因为春晚借调到台里,改革开放以后学习日本,我春晚化妆、头发就是她弄的 。徐晶粉底一层层打，眼线一点点化，不像原来那么粗糙浓重。

还有换衣服的问题，开始我是不怎么换衣服的，没有这个想法。我入台第一次做衣服是赵忠祥带我到红都服装店挑选定做的，一件灰色，一件浅驼色，样子死板、不时髦。后来我随领导人出国，才知道换衣服是礼貌，回国后注意每天换一套 ，后来穿自己的衣服上电视也引领潮流。我在服装店里看到一套咖啡色套裙带暗条，非常漂亮，20 世纪 50 年代的服装样式和裁剪比现在都精致考究，可惜虽然服装质地很好，但黑白电视上看不出来。彩电出现以后，主持人有款式的意识了，垫肩、掐腰、喇叭腿都有了，但是做工上差得很远。比如一个白底黑条的衣服，其实材质很差，只是肩和颜色比较好，但是下摆没法看。那时服装有色彩、有变化，讲究样式。1985 年国庆晚会，那是台里第一次请了一个设计师给我们做晚会衣服，我的是一条花连衣裙，杜宪是一件下红上白的裙子，后来连衣裙被收走了。1984 年和 1985 年左右陆续有化妆师进台，开始琢磨有设计、有变化的服装，但都是在摸索阶段。所以我当时镜头前的形象变化特别大，每天都不同，经常午间新闻是一个，晚间新闻是一个，新闻联播又是一个，基本靠观众来信反馈哪个好。1984 年春晚我连一件像样的衣服都没有，自己翻箱倒柜找，有些歌唱演员借我的衣服，剧组特批主持人到友谊商店买了一双 21 块钱的羊皮鞋，很漂亮，我非常喜欢，不舍得穿，就 1984 年晚会穿了一次，后来送给博物馆了。总之，彩电出现后我们比较注意色彩搭配，化妆讲究细致，但是比起现在还是显得粗糙浓重。那时我们自己化妆 5 分钟就够了，现在化妆师快也要几十分钟，慢要一两个小时，但确实更精致了。

记者：谢谢卢静老师！

四、欧阳夏丹访谈录

时间:2015 年 5 月 22 日

地点:中国传媒大学播音主持艺术学院

人物:中央电视台主持人 欧阳夏丹

谈话内容:

记者:您从 1999 年到电视媒体工作到现在已经有十多年的时间了,起初在上海新闻频道,2003 年又到央视《第一时间》,记不记得当时中国电视媒体大概是什么样的技术环境,比如说那个时候是不是已经是直播了?

嘉宾:我去上海电视台的时候是 1999 年毕业以后,那时已经是直播的状态了,而且正好赶上说新闻的风潮,就是鲁豫的那个《凤凰早班车》,所以我们在做《上海早晨》早间新闻的时候,一下直播就赶紧打开《凤凰早班车》,看看鲁豫是怎么说新闻的。那时候已经是新闻全面直播的状态,但是跟记者的现场直播连线还比较少。如果要做的话每次一定要提前一两天让连线记者到那个地方踩点,先把词写出来,领导审过,背好稿子,直播当天再连线。

记者:直播连线的内容是提前准备好的?

嘉宾:对,提前准备好的,所以跟现在要求新闻的现场感和即时性,第一时间、第一现场是相差很远的。那个时候就像提前预演一样,我预知那天会有一个什么事,比如是一个纪念庆典活动,就先把记者派过去踩点,准备好,彩排一下,所以那时候记者直播的时效性是不强的。

记者:之所以要彩排是因为对自己的能力不自信还是因为技术方面的原因?

嘉宾:比如上海一座大桥竣工多少年的庆典,你在现场跟台里演播室连线直播,在技术上会担心那天会不会出现什么问题,所以才会提出要彩排,台里要保证万无一失以后才敢做直播。而不是说像现阶段,你可能带一个 4G 设备,背一个双肩包,里面装着工具随时随地就传回来了,最多是画面有时候可能会有点晃。现在一个人背着一个包，就可以在世界上任何角落做直播。这种现场感比原来要强很多很多，技术的发展使第一时间和第一现场成为可能。而在以前需要各个工种的配合，你扯一根电缆，他接一根电线，个人保证各自环节不出问题，但涉及若干环节，还要个别沟通好。现在一旦发生什么事，马上就可以采访回传直播，所以技术的发展是不可同日而语的。

记者：到《第一时间》后是不是进步些了？

嘉宾：到2003年去《第一时间》的时候就好一些了，先进一些了。但是《第一时间》更多是在演播室里播报早间的新闻，跟马斌之间有一个交流互动，（台里）很少把我们派出去作为场外的联系记者，当时更多是扮演演播室主持人的角色。

记者：演播室就是普通的演播室，不是虚拟的？

嘉宾：实景，马斌读报的时候他自己在前面摆了一台电脑，就是道具。

记者：跟现在那个完全不是一回事？

嘉宾：对，其实他想切哪一幅画面都是背后导播室控制的，不是他自己控制的。电脑完全是一个道具，而不像现在通过前面的电脑就随时能看到跟网友之间的互动，我想挑其中的哪一条微博和微信念，都可以自己来操控，这个是不一样的，是真互动。以前可能还是假的，出于安全考虑，要筛选过，或者在技术上要保证妥帖，外面的导播室先筛选，他来替你控制下一幅画面是什么，你只管念你的词就好。

记者：那个接收信号不在演播室里，而是在导播室里？

嘉宾：对。

记者：那与现在的演播室差别还是挺大的。

嘉宾：对，我来到新闻频道以后，这些年虚拟演播室还是挺流行的。

记者：虚拟演播室是怎么流行起来的？

嘉宾：我个人介入虚拟是在两三年前。那时候做两会报道，我们的主创人员提出一个新的设想，因为会议新闻说白了老百姓不太爱看，所以编导就在探索，怎么样让严肃的时政新闻变得有趣和生动，让大家爱看。由此就想到了虚拟，因为虚拟可以做动画。我说一个小人的时候突然冒出一个卡通小人跟你互动，这样老百姓是不是就愿意看了？所以从两三年前的两会开始，我们就尝试了一个节目《两会大数据》，效果非常好。节目出来以后，包括李克强总理办公室到受众都认为这是一个非常好的创新之举，是一个突破，就是因为节目当中谈到很多数据，比如说大家对这个问题的关注度，从去年的百分之多少，上升到百分之多少。你想象一下，如果我就正经地坐在那里播报，大家是听不进去的，但是我把它做成动画，观众觉得像在变魔术一样。其实我在演播室里，是靠想象、靠跟动画的配合来完成节目的。

记者：一个全景的虚拟的环境，对主持人来说是很大的考验吧？

嘉宾：对，动画都在外面操控。导播说夏丹一会儿你说到这儿的时候这个小人会出现在你的右边。那你就得事先走动、比划，找准位置，就像真的看到这个小人一样跟他互动，但实际上我的演播室里什么都没有，所以这对主持人来讲是很大的考验。

记者：这个变化对主持样态是很大的改变？

嘉宾：变化很大，跟实景完全不一样，虚拟一是节约成本，就是我想要什么样的画面和背景都可以做出来，不用你去一个木头、一个木头地搭。二是跟大数据这个很热的概念结合起来以后，让人感觉视觉上有冲击，很酷、很炫、很有现代感。所以我觉得技术的发展对播音员、主持人来讲是一个挑战，因为你不仅站着，还走动着。这相当于对你的形体、对新闻的解读和驾驭能力、跟观众的交流能力，甚至是表演能力都提出了要求。

记者：不仅是脑子上对信息的编排，体态上也有很大的突破。因为过去在演播室要么坐着，要么就是站着，是固定的。

嘉宾：以前是固定的，但是现在主持要在走动过程中完成，由主持人把控全程。所以对于主持人来讲，要有很好的对整体稿件的消化能力和解读能力，重点在哪里，信息点在哪里，要很理解背后的故事和背景才能讲出来，而不是照着题目念就可以传递信息，所以现在越来越讲究信息的到达率、传播效果。我信息播出来了，但是没有到受众的心里，他们没有收到，就没有用。所以在技术上、在创新的手法上还是在不断地探索，国外也很早就开始玩了。

记者：对，表演性的那种，说一条新闻，哪儿刮大风了，恨不得就上来演了。

嘉宾：没错，而且国外是实景播出新闻，主持人走到那个区域是靠虚拟技术，但是我们现在许多地方达不到这个要求。

记者：不同的景区，是实景景区还是虚拟景区？

嘉宾：我们现在就是一个虚拟演播室，对于主持人来讲，有的人不适应，他就玩不了，只能坐在那里播；有的人活跃一点，掌控能力强，就可以玩起来。

记者：这也是一个趋势。中国电视在每每遇到大事件的时候，好像所有的技术就用起来了，国庆、2008年奥运会、春晚，这些大事件您也经历了不少，有什么感受？

嘉宾：对，这次春晚就打了一个牌，叫图片"上墙"。比如同唱，让所有互联网的观众提前唱李谷一的《难忘今宵》这首歌，我们把这个画面截取出来，最后"上墙"，感觉像李谷一跟观众一起唱一首歌。但现在只在重大题材和重大场合中会用到这些，还没有贯穿到日常的节目中，跟观众的互动也差一点，这可能跟我们的口径把握有关。像外国主播，可能演播室的桌子底下就是电脑，他要查什么东西马上查，在下面的播报当中就可以用到，但是我们现在还没有这么大的空间，因为互联网查到的东西真假难辨。

记者：你查的是什么、要说什么，受到许多限制？

嘉宾：对，所以我们播音员的权力非常小，很被动，要审过的稿子才能播。

记者：一直是这个传统？

嘉宾：对。

记者：文化背景不一样。

嘉宾:对,技术上的应用差一点。

记者:2008 年奥运会的时候你在演播室当中跟白岩松直播,那时候的直播跟刚才你提到的一开始的新闻直播,是不是有很大的差别?

嘉宾:对,那时候做的是专题式的直播报道,跟我们每天常规的新闻播报不一样,做的就是奥运,全景奥运。

记者:全景奥运?

嘉宾:对,全景奥运,两个人有不同的分工,他负责什么,我负责什么,只有开头和结尾两个人在一块儿,过程中两个人分开说。做这种专题式的报道,提前就要准备好,了解了才能在节目里有自己的表达。我当时做了一个小版块叫《现场》,就是在当天比赛日的现场发生了什么有趣的事情、运动员的喜怒哀乐、现场捕捉到的细节和环节都放在片子里,材料可能就是当时的一个同期声、表情、画面、细节,依据这些讲我自己的东西,这个就需要跟节目组更好地贴合、更好地交流。我今天主要讲的是什么内容,想表达的点在哪里,他们从制作上跟你配合,比如摘取一句同期声等。这就跟平时的常规播报有很大的不同,那个播出来就好了,这个就更切合节目的需要、设计版块的需要。

记者:专题性比较强?直播室有视频连线吗?

嘉宾:有,比如一场排球比赛刚刚结束,马上就得连线在排球比赛馆的记者,了解看了这场比赛以后的感受是什么,当时扣人心弦的球在第几局等。

记者:有没有多点连线?

嘉宾:有,有两三个人同时在线的。电视台会在大屏幕上把图像分成四个小块或三个小块,让我们同时出现,让观众知道是这几个人在交流。

记者:不同的地点都可以汇聚到演播室来?

嘉宾:对,把大屏幕切成三块,比如说我在中间,旁边是运动员,这是教练员,或者以往的朋友,在不同的地点,同一时间切出来。可能开始说今天有幸联系到了谁和谁同时在线,那么第一个问题想先问问谁,然后交流完,再问第二个问题。这就要求播音员、主持人的组织能力、把控能力很强，不能让一个人说得太长，要考虑话题的分配。

记者：是不是直播的点多了？

嘉宾：对，不是单独的一对一，是一对多了，所以你要注意听他们说什么，想接下来的问题抛给谁合适，各方面的把控能力要更强。主持人的表达方式变了，那可能我们的状态和语言也要发生改变。

记者：对于直播来说，技术进步一个台阶，可能对咱们有挺大的影响？

嘉宾：对，你看我跟白岩松做的国庆 60 周年庆典就是多路记者"一气连下"，白岩松连一个，我连下一个，然后他又连下一个。有一年春节，《新闻联播》连了八九路记者，这在技术上得有保障才行，因为各个线都得保持畅通，要能顺利地切换到下一路。这在以前来讲不太可能，我连完一路以后，可能隔两三分钟才能连下一路，现在肯定是先进了一步，才敢一口气连十几路。早年受技术所限，有的想法可能实现不了，势必就会影响节目的可视性。

记者：信息点多了，新闻报道就立体了。这几年，各地建了好多新媒体、全媒体演播室，是不是现在新闻节目从中央到地方都注意各种手段在演播室当中的综合运用？

嘉宾：对，很多地方台都修新的演播室、新的演播大楼，里面设置什么区都有讲究，这是未来的发展趋势。我们要用更多的方法、更多的表达形式让节目更鲜活、更接地气。

记者：刚才你提到两会的虚拟演播室是怎么样的？

嘉宾：老台有一个 150 平方米、现在每天录《焦点访谈》的演播室，弄成了虚拟的，但虚拟的技术不如新台那么好，图像质量不是那么理想，但老台这个虚拟演播室已经做过很多节目，包括《嫦娥上天》的虚拟也是在那里做的。

记者：新台有一个全媒体演播室是吗？

嘉宾：我现在用的是七楼的虚拟演播室，他们说很多节目都在这里录，就是它分别针对不同的频道都可以录，只不过把背景画面一变就可以了。这个演播室特别大，层高特别高，能够用摇臂，老台就用不了摇臂。

记者：还能玩摇臂呢？

嘉宾：对，他们说新台录制虚拟节目挺好的，能耍得开。

记者：那就非常炫了，等于主持人也要耍起来？

嘉宾：对，但是现在问题就在这儿：设备好了，技术人员的能力没跟上来，所以现在用起来还有局限。

记者：硬件上来了，软件没跟上？

嘉宾：对，还是没有充分开发，所以台里也挺着急，说是要培训。我个人觉得新台的虚拟演播室空间挺大的，但是没有充分使用。现在我录节目，还是只能站在那里。

记者：你一动他们就跟不上了？

嘉宾：是的，灯光不对，画面的背景也不对。这些提前就应该设计、策划好，现在硬件有了，但是软件跟不上。

记者：谢谢夏丹！

五、王雪纯访谈录

时间:2015 年 11 月 10 日

地点:央视创造

人物:中央电视台主持人 王雪纯

谈话内容:

记者:从 20 世纪 90 年代至今,电视技术环境有很大改变,电视综艺节目播音主持的形态有没有发生什么变化?哪些变化是与技术相关联的?

嘉宾:我个人认为近些年来综艺节目形态确实发生了巨大变化,但综艺节目主持人的核心要求没有太大改变。综艺节目主持人从头到尾都是客厅里的主人,把控流程、控制节奏、调节气氛、点明主题,职能没有因为技术手段往前迈步而消失,技术发展对综艺主持人这个工种自身的能力和表现空间并没有太多影响,起码是没有那种戏剧化的改变。在综艺节目里就是多了些机位、多了些讯道。早期综艺节目有几个点:主持人点、嘉宾点、观众点,还有隐形点镜头,主持人只是控制这几个点。现在这个布局其实并没有什么变化,本质上没有发生"基因突变",目前唯独直播大型综艺晚会是技术支撑下的新的挑战。

记者:综艺晚会有哪些比较明显的变化?

嘉宾:比如拿 1984 年的春晚和 2014 年的春晚相比较,舞台面貌和空间发生很大变化。像现在一些大型歌舞都能够展现的 LED 效果也是原来无法想象的。主持人就要掌控这样的场面,加强与观众的互动。

记者:尤其是互联网出现以后,主持人互动的需求更大、方式更多。

嘉宾:对,进入互联网时代以后,主持人语态发生了改变,包括思维上的和心态上的。主持人面对互联网时代的人群,表达尺度扩大了,别人能接受的程度实际上也扩大了。我近些年做的几档喜剧类的节目,主持人在里面更敢说,实际上就是希望有更强的娱乐性。

记者：看来技术进步带来的更多是信息传播速度和质量的提高，对综艺的影响不大，恐怕正是因为综艺强调的是娱乐性而不是时效性。

嘉宾：对，这个总结很有道理。技术对综艺的一些个体节目质量会有改变，比如综艺节目的舞台效果，原来不能做的演播室大型表演现在也能做了。但假如综艺节目是餐馆的菜，主持人就相当于上菜的人，无论做什么样的菜都是这么上，有的餐馆可能穿上溜冰鞋上菜，但终究也只是一种噱头，综艺主持人本质功能并没有改变。

记者：新节目形态有很多，但综艺节目主持人的核心职能没有本质改变。

嘉宾：对，你可以选央视和地方卫视几个排名靠前的综艺节目看一下主持人职能是否变化了？空间是否拓展了？如果没有，就证明了这一点：技术对综艺主持的影响是小的。建议你也可以问问地方台的主持人，他们在新媒体传播语态上可能感触更深，因为地方台类别分得细，接触市场多，在综艺娱乐节目上也确实更加开放。

记者：谢谢雪纯！

参考文献

一、著作

[1] 艾红红.中国广播电视史初论[M].山东:山东大学出版社,2002.

[2] 北京广播学院新闻系.纪念人民广播创建四十周年中国广播史料选集(第三辑)(内部资料)[Z].1981.

[3] 北京广播学院新闻系.中国人民广播回忆录[M].北京:中国广播电视出版社,1983.

[4] 北京广播学院新闻系.中国人民广播回忆录(续集)[M].北京:中国广播电视出版社,1986.

[5] 北京广播学院新闻系.中国人民广播回忆录(第三集)[M].北京:中国广播电视出版社,1990.

[6] 北京广播学院新闻系.中国人民广播回忆录(第四集)[M].北京:中国广播电视出版社,1995.

[7]《辞海》编辑委员会.辞海[M].上海:上海辞书出版社,1979.

[8] 陈卫星.传播的观念[M].北京:人民出版社,2004.

[9] 程曼丽,乔云霞.新闻传播学辞典[M].北京:新华出版社,2013.

[10] 戴元光,金冠军.传播学通论[M].上海:上海交通大学出版社,2000.

[11]《当代中国的广播电视》编辑部.中国的有线广播[M].北京:北京广播学院出版社,1988.

[12] 方庆浩.电视技术论集[M].北京:人民出版社,1993.

[13] 方汉奇.中国新闻事业编年史[M].福建:福建人民出版社,2000.

[14] 广播事业局业务研究室.播音工作经验汇辑(内部资料)[C].1961.

[15] 郭镇之.电视传播史[M].北京:北京师范大学出版社,2000.

[16] 郭镇之. 中外广播电视史[M]. 上海：复旦大学出版社，2008.

[17] 胡正荣. 广播的创新与发展[M]. 北京：北京广播学院出版社，2004.

[18] 韩彪. 现场直播——新闻改革的标尺[M]. 北京：当代中国出版社，2007.

[19] 金震茅. 网络广播传播形态研究[M]. 苏州：苏州大学出版社，2007.

[20] 金文中，李建新. 广播影视科技发展史概略[M]. 北京：中国广播电视出版社，2013.

[21] 李宜. 怎样做好广播编辑工作[M]. 北京：广播出版社，1985.

[22] 李岩. 广播学导论[M]. 杭州：浙江大学出版社，1997.

[23] 刘爱清，王锋. 广播电视概论[M]. 北京：中国广播电视出版社，1997.

[24] 刘韧，韩磊. 网络媒体教程[M]. 北京：中国广播电视出版社，2005.

[25] 刘习良. 中国电视史[M]. 北京：中国广播电视出版社，2007.

[26] 李幸，欧慧玲. 视听传播史论[M]. 北京：中国社会科学出版社，2010.

[27] 刘习良. 中国广播电视改革发展十年回眸 2001 年－2010 年[M]. 北京：中国国际广播出版社. 2012.

[28] 李良荣. 网络与新媒体概论[M]. 北京：高等教育出版社，2014.

[29] 马庆平. 外国广播电视史[M]. 北京：北京广播学院出版社，1997.

[30] 闵大洪. 传播科技纵横[M]. 北京：警官教育出版社，1998.

[31] 潘力，王本锡，李建刚. 高新技术与广播传播方式变革[M]. 北京：北京广播学院出版社，2003.

[32] 彭兰. 中国网络媒体的第一个十年[M]. 北京：清华大学出版社，2005.

[33] 彭吉象. 数字技术时代的中国电视[M]. 北京：北京大学出版社，2008.

[34] 齐越. 寄语青年播音员[M]. 北京：北京广播学院出版社，1986.

[35] 齐越. 献给祖国的声音[M]. 北京：中国广播电视出版社，1991.

[36] 秦瑜明. 电视传播概论[M]. 北京：北京广播学院出版社，2002.

[37] 任文礼. 录音报道基础[M]. 北京：中国广播电视出版社，1995.

[38] 苏志武. 科技与传播　现代传播文集[M]. 北京：北京广播学院出版社，2000.

[39] 童兵. 比较新闻传播学[M]. 北京：中国人民大学出版社，2002.

[40] 韦振斌. 编播业务杂谈[M]. 北京：中国广播电视出版社，1985.

[41] 汪学起，是翰生. 第四战线——国民党中央广播电台掇实[M]. 北京：中央文史出版社，1988.

[42] 吴郁. 主持人的语言艺术[M]. 北京:北京广播学院出版社,1999.

[43] 吴廷俊. 科技发展与传播革命[M]. 武汉:华中科技大学出版社,2001.

[44] 王佳一. 广播直播主持艺术[M]. 北京:华夏出版社,2011.

[45] 徐威,李宏虹. 电视演播室[M]. 北京:中国广播电视出版社,2006.

[46] 熊忠辉. 广播电视节目形态解析[M]. 北京:化学工业出版社,2010.

[47] 谢鼎新. 中国广播电视研究的演变[M]. 合肥:合肥工业大学出版社,2014.

[48] 杨波. 中央人民广播电台简史[M]. 北京:北京广播学院出版社,2000.

[49] 姚喜双. 播音导论教程[M]. 北京:中国广播电视出版社,2001.

[50] 张凤铸. 文艺广播初探[M]. 内蒙古:内蒙古广播电视厅地宣处.

[51] 左漠野. 当代中国的广播电视[M]. 北京:中国社会科学出版社,1987.

[52] 中国国际广播电台研究室. 世界广播电视:变革和发展[M]. 北京:中国国际广播出版社,1992.

[53] 赵玉明,王福顺. 中外广播电视百科全书[M]. 北京:中国广播电视出版社,1995.

[54] 赵玉明,王福顺. 广播电视辞典[M]. 北京:北京广播学院出版社,1999.

[55] 周小普. 广播新闻与音响报道[M]. 北京:中国人民大学出版社,2001.

[56] 赵玉明. 中国广播电视通史[M]. 北京:中国传媒大学出版社,2004.

[57] 朱强. 新传媒技术概论[M]. 杭州:浙江大学出版社,2008.

[58] 张振华. 当代中国广播电视学[M]. 北京:中国国际出版社,2014.

[59] 邹玉,邹俊巍. 新形态广播[M]. 北京:中国广播影视出版社,2014.

[60] 中国广播电视年鉴编辑委员会. 中国广播电视年鉴 1995[M]. 北京:北京广播学院出版社,1995.

[61] 延森. 媒介融合:网络传播、大众传播和人际传播的三重维度[M]. 刘君,译. 上海:复旦大学出版社,2012.

[62] 杜奇尼. 电视与场面调度[M]. 杨添天,译. 北京:中国电影出版社,2006.

[63] 伊尼斯. 变化中的时间观念[M]. 何道宽,译. 北京:中国传媒大学出版社,2012.

[64] 伊尼斯. 传播的偏向[M]. 何道宽,译. 北京:中国传媒大学出版社,2013.

[65] 洛根. 理解新媒体——延伸麦克卢汉[M]. 何道宽,译. 上海:复旦大学出版社,2012.

[66] 阿尔巴朗,彼茨. 无线电广播产业[M]. 北京:清华大学出版社,2007.

[67] 梅罗维茨. 消失的地域——电子媒介对社会行为的影响[M]. 肖志军,译. 北京:清

华大学出版社,2002.

[68] 莫士科维茨.虚拟演播室技术[M].夏力,王大纲,崔建伟,张晓辉,编译.北京:清华大学出版社,2005.

二、文章

[1] 崔保国.技术创新与媒介变革[J]. 当代传播,1999.

[2] 邓卓. 我国电视技术发展对电视新闻传播的影响[D].长沙:湖南师范大学,2006.

[3] 顾雅丽,钟恒. 广播电视传播形态的嬗变[J]. 青年记者,2011.

[4] 胡天文. 浅谈电视传播技术的发展[J]. 现代商业,2007.

[5] 刘燕南,夏征宇.电视节目"多维组合"分类法及其编码设计[J].现代传播.2003 .

[7] 邱宏. 我国广播电视传播技术的发展[J]. 中国传媒科技,2013.

[8] 沈德康.技术时代的艺术[D].成都:四川师范大学 ,2013.

[9] 王梅,刘文彪,张清.谈时代的变革与播音主持艺术学科的发展[J]. 戏剧之家,2014.

[10] 喻国明.媒体变革:从"全景监狱"到"共景监狱"[J]. 人民论坛. 2009.

[11] 喻梅. 新中国播音主持创作史论[D].北京:中国传媒大学.2012.

[12] 赵若竹.新媒体技术时代电视新闻播音主持创作样态的发展[J].现代传播,2015.

[13] 赵若竹.传播技术对电视娱乐节目主持创作的改变[J].中国广播电视学刊,2015.

三、互联网

[1] 百度网:http://www.baidu.com

[2] 人民网:http://www.peopledaily.com.cn

[3] 搜狐网:http://www.sohu.com

[4] 新华网:http://www.xinhuanet.com

[5] 新浪网:http://www.sina.com.cn

[6] 新华在线:www.xinhuaonline.com

[7] 中国新闻研究中心:www.cddc.net

[8] 中国互联网络信息中心网站:www.cnnic.net.cn

[9] 中国新闻传播学评论:http://www.cjr.com.cn

后 记

本书是我在博士学习期间酝酿写作，毕业后经过一年时间修改完成的。在本书写作过程中，得到了导师姚喜双教授的悉心指导，并为该书作序，在此向导师致以诚挚的谢意！同时，中国传媒大学博士生导师鲁景超教授、曾志华教授、郭招金教授、李洪岩教授等在我的写作、研究过程中给予了我很大帮助，向他们表示感谢！

本书写作期间我采访了中央人民广播电台播音指导方明老师、中国传媒大学广播电视工程学院李栋教授、中国传媒大学播音主持艺术学院卢静教授、中央电视台主持人欧阳夏丹和王雪纯，他们为本书提供了宝贵鲜活的资料，在此表示感谢！

“读史使人明智”，虽然个人的微薄之力不足以鉴以往而知未来，但希望这段历史能够得到更多的关注。我们正身处一个科技日新月异、媒介瞬息万变的时代，本书只是开启了一扇小窗，相信读者可以领略到更广阔的天地。

感谢各位读者、专家的厚爱，期待您的批评指正。

赵若竹

2017 年 11 月于北京